VIE

DE

SAINT FRANÇOIS XAVIER

APOTRE DES INDES ET DU JAPON

PAR

LE P. BOUHOURS

TOURS

MAISON ALFRED MAME ET FILS

VIE

DE

SAINT FRANÇOIS XAVIER

3ᵉ SÉRIE IN-12

(Nᵒ 6310)

Mort de saint François Xavier. (P. 135)

VIE

DE

SAINT FRANÇOIS XAVIER

APOTRE DES INDES ET DU JAPON

PAR

LE P. BOUHOURS

NOUVELLE ÉDITION
REVUE AVEC SOIN

TOURS

MAISON ALFRED MAME ET FILS

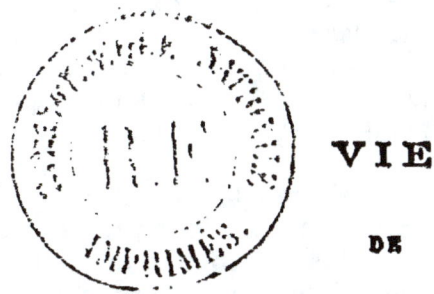

VIE

DE

SAINT FRANÇOIS XAVIER

——▶✠◀——

LIVRE PREMIER

François Xavier, cet homme extraordinaire dont la vie apostolique rappela les merveilles des premiers siècles du christianisme, était né en Navarre, et, suivant des témoignages authentiques, il tirait son origine du sang des rois de ce pays.

Il eut pour père don Jean Jasse, qui occupait une des premières places au conseil d'État sous le règne de Jean III.

Sa mère, fille unique de don Martin Azpilcuète et de Jeanne Xavier, seule héritière, par conséquent, de ces deux familles, les plus illustres du royaume, se nommait Marie Azpilcuète Xavier. Elle était d'une beauté rare, et d'une vertu plus remarquable encore. Par son mariage avec don Jasse, elle devint mère de plusieurs enfants ; le cadet fut François. Il naquit au château de Xavier, le 7 avril 1506. Ce château, situé au pied des Pyrénées, à sept ou huit lieues de Pampelune, appartenait depuis deux cent cinquante ans environ à la maison de sa mère ; ses aïeux l'avaient reçu du roi Thibault Ier, en récompense des services signalés rendus par eux à la couronne de Navarre ;

c'est de là qu'ils prirent le nom de Xavier au lieu de celui d'Asnarez, qui était le nom de leur famille.

On fit porter à François, ainsi qu'à quelques-uns de ses frères, le même nom de Xavier, afin que ce nom si glorieux, qui n'était plus représenté que par une seule femme, ne s'éteignît pas avec elle.

La Providence, qui avait choisi François Xavier pour la conversion d'une infinité de peuples, lui donna toutes les qualités naturelles que demandent les fonctions d'un apôtre. Il avait le corps robuste, la complexion vive et ardente, un génie sublime et capable des plus grands desseins, un cœur intrépide, beaucoup d'agrément en son extérieur, surtout l'humeur gaie, complaisante et propre à se faire aimer ; avec cela néanmoins une extrême horreur de tout ce qui peut blesser la pureté, et une forte inclination pour l'étude.

Son père et sa mère lui inspirèrent la crainte de Dieu dès son enfance, et eurent un soin particulier de son éducation. Il ne fut pas plus tôt en âge d'apprendre quelque chose, qu'au lieu d'embrasser la profession des armes, à l'exemple de ses frères, il se tourna de lui-même du côté des lettres. Comme il avait l'intelligence vive, la mémoire heureuse, l'esprit pénétrant, il avança rapidement en peu d'années.

Quand il sut la langue latine, et qu'on reconnut que la science était toute sa passion, on l'envoya à l'université de Paris, la plus célèbre de l'Europe.

Il vint à Paris dans sa dix-huitième année, et il étudia d'abord la philosophie. On ne saurait croire avec quelle ardeur il dévora les premières difficultés de la logique. Quelque disposition qu'il eût pour des connaissances si subtiles et si épineuses, il travaillait sans relâche, afin de surpasser tous ses compagnons, et jamais peut-être écolier ne joignit ensemble tant de facilité et tant de travail.

Xavier ne pensait qu'à devenir un excellent philosophe, lorsque son père songea à le retirer des études, après l'y avoir entretenu un an ou deux ; mais, sur les conseils de Madeleine Jasse, sa fille, abbesse du couvent de Sainte-Claire de Candie, il renonça à ce projet. Xavier continua donc sa philosophie ; il y réussit tellement, qu'étant passé maître ès arts, il fut jugé digne d'enseigner la philosophie lui-même. Son esprit parut plus que jamais dans ce nouvel exercice, et il s'y acquit une haute réputation. Les louanges que tout le monde lui donnait satisfaisaient extrêmement sa vanité : il était bien aise d'augmenter la gloire de son nom par la voie des lettres, et il se flattait que le chemin qu'il avait pris le mènerait à quelque chose de grand.

Mais Dieu avait bien d'autres pensées sur Xavier, et ce n'était pas pour des grandeurs périssables que la Providence l'avait conduit à Paris. Lorsque ce jeune maître de philosophie commença son cours, Ignace de Loyola, qui avait renoncé au monde et formé le plan d'une compagnie savante toute dévouée au salut des âmes, vint en France pour achever ses études interrompues par les traverses qu'il avait eues en Espagne après sa conversion.

Il ne fut pas longtemps dans l'université de Paris sans entendre parler de Xavier ni sans le connaître. Ce professeur navarrais, qui enseignait au collège de Beauvais, mais demeurait au collège de Sainte-Barbe, avec Pierre le Fèvre, Savoyard, parut à Ignace très propre au ministère évangélique, aussi bien que son compagnon. Afin de les gagner plus aisément l'un et l'autre, il se logea avec eux, et ne manquait pas de les exhorter à la perfection chrétienne.

Le Fèvre, qui était docile et qui n'aimait pas le monde, se rendit sans peine ; mais Xavier, naturellement fier, et dont la tête était remplie de pensées ambitieuses, résista fort au commencement. La conduite et les maximes d'Ignace, qui vivait en pauvre et n'estimait que la pauvreté, le faisaient passer pour une âme basse dans l'esprit de notre jeune gentilhomme ; aussi Xavier le traitait-il avec beaucoup de mépris, se moquant de lui à toute heure, et tâchant en toutes manières de le rendre ridicule.

Ignace ne laissait pas de représenter souvent à Xavier l'importance de l'affaire du salut, par ces paroles de Notre-Seigneur : « Que sert à un homme de gagner tout l'univers, et de perdre son âme ? » Mais, voyant qu'il ne pouvait rien sur un cœur plein de l'amour de soi-même et aveuglé de l'éclat d'une fausse gloire, il s'avisa de le prendre par son faible.

Après s'être réjoui plus d'une fois avec lui des rares talents que la nature lui avait donnés, et l'avoir loué principalement de son bel esprit, il se mit à lui chercher des écoliers pour le faire valoir par la foule de ses auditeurs ; il les lui menait jusque dans sa classe, et, en les présentant, il faisait toujours l'éloge du maître.

1*

Xavier était trop vain pour ne pas recevoir agréablement les louanges, de quelque part qu'elles vinssent, et il avait aussi le cœur trop bien fait pour ne pas reconnaître les bons offices d'un homme qu'il traitait si mal ; il en fut d'autant plus touché, qu'il croyait les mériter moins. Il apprit en même temps que celui qui avait l'air d'un homme de néant, et dont la personne semblait si abjecte, était d'une des plus nobles maisons de Guipuscoa ; que son courage répondait à sa naissance, et que le seul amour de Dieu lui avait fait choisir un genre de vie si éloigné de sa condition et de son humeur. Cette connaissance lui fit regarder Ignace avec d'autres yeux, et le porta même à entendre sans répugnance des discours qui choquaient toutes ses inclinations naturelles, comme si la qualité et la vertu de celui qui parlait eussent donné de l'agrément et du poids à ses paroles.

Sur ces entrefaites, l'argent ayant manqué à Xavier, Ignace, qui venait de faire un voyage en Flandre et en Angleterre, d'où il avait apporté de grosses aumônes, l'assista dans un besoin si pressant, et acheva de gagner par là ses bonnes grâces.

L'hérésie de Luther commençait à se répandre par l'Europe, et c'était un artifice des luthériens d'avoir dans les niversités catholiques des gens de leur secte pour insiuer peu à peu les nouvelles opinions aux écoliers et aux maîtres.

Xavier, naturellement curieux, prenait plaisir à ces nouveautés ; et il s'y serait laissé aller de lui-même si Ignace ne l'eût retenu. C'est ce qu'il écrivit lui-même, peu de temps après, à son frère aîné, don Azpilcuète. Cette lettre montre clairement que Xavier, bien loin de porter la foi à des peuples idolâtres, l'aurait peut-être perdue s'il n'était tombé entre les mains d'un compagnon tel qu'Ignace.

Ce n'était pas assez de préserver Xavier de l'erreur, il fallait le détacher tout à fait du monde. Ces dispositions favorables encouragèrent Ignace à poursuivre son dessein, et lui donnèrent lieu d'espérer un heureux succès. Ayant trouvé un jour Xavier plus docile qu'à l'ordinaire, il lui répéta ces paroles plus fortement que jamais : « Que sert à l'homme de gagner tout l'univers et de perdre son âme ? » Il lui dit ensuite qu'un cœur aussi noble et aussi grand que le sien ne devait pas se borner aux vains honneurs de la terre ; que la gloire seule du ciel était un objet digne de son ambition, et que le bon sens voulait que l'on préférât ce qui dure éternellement à ce qui passe comme un songe.

Xavier entrevit alors le néant des grandeurs mondaines. Ce ne fut cependant qu'après de sérieuses réflexions, après bien des combats intérieurs, que, vaincu par la force des vérités éternelles, il prit une ferme résolution de vivre selon les maximes de l'Evangile, et de marcher sur les pas de celui qui lui avait fait connaître son égarement.

Il se mit donc sous la conduite d'Ignace. Les conseils d'un directeur aussi éclairé facilitèrent à Xavier le chemin de la perfection, qui lui était inconnu. Il apprit de son nouveau maître que le premier pas à faire, quand on veut se convertir tout de bon, est de travailler à vaincre la passion qui nous domine davantage. Comme l'amour de la gloire avait le plus d'empire sur lui, il ne pensa dès les premiers jours qu'à s'humilier et à se confondre dans la vue de son néant et de ses péchés. Mais, comme il sut qu'on ne peut abattre l'orgueil de l'esprit sans mortifier la chair, il entreprit de dompter son corps par le cilice, par le jeûne et par les autres rigueurs de la pénitence.

Quand le temps des vacances fut venu, il fit les exercices spirituels qu'Ignace, inspiré de Dieu, avait composés à Manrèze. Il commença sa retraite avec une ferveur excessive et passa quatre jours entiers sans prendre aucune nourriture. Les choses divines occupaient jour et nuit toutes ses pensées.

C'est en méditant à loisir les grandes vérités du christianisme, et surtout les mystères de Notre-Seigneur, qu'il fut changé tout à fait en un autre homme, et que l'humilité de la croix lui parut plus belle que toute la gloire du monde.

C'est pourquoi, ayant achevé le cours de philosophie qu'il enseignait, et qui dura trois ans et demi, selon la coutume de ce temps-là, il étudia en théologie par le conseil d'Ignace, dont il était le disciple déclaré.

Cependant Ignace, qui se sentait appelé en terre sainte pour la conversion des Juifs et des infidèles, s'ouvrit là-dessus à Xavier, comme il avait déjà fait à le Fèvre et à quatre autres jeunes hommes fort savants qui avaient embrassé son genre de vie.

Tous sept résolurent d'un commun accord de s'engager par des vœux exprès à quitter leurs biens et à faire le voyage de Jérusalem, ou, en cas que dans un an ils ne trouvassent point la commodité de passer la mer, à s'aller jeter aux pieds du souverain pontife, pour servir l'Église en quelque lieu du monde qu'il lui plût de les envoyer.

Ils firent ces vœux à Montmartre, le jour de l'Assomption de la sainte Vierge, l'an 1534.

Vers la fin de l'année suivante, Xavier partit de Paris avec le Fèvre, Laynez, Salmeron, Rodriguez, Bobadilla, et trois autres théologiens que le Fèvre avait gagnés, en l'absence d'Ignace, qui les attendait à Venise.

Un peu avant leur départ, Xavier, que sa ferveur emportait quelquefois trop loin, s'était lié les bras et les cuisses avec de petites cordes, pour se punir de je ne sais quelle complaisance qu'il avait eue en sautant et en courant mieux que des jeunes gens de son âge; car il était fort agile, et de tous les jeux d'écolier, il n'avait guère aimé que les exercices du corps.

Quoique les cordes fussent fort serrées, il crut qu'elles ne l'empêcheraient pas de marcher; mais à peine fut-il en chemin, qu'il sentit d'extrêmes douleurs. Il souffrit son mal le mieux qu'il put, et le dissimula jusqu'à ce que les forces lui manquassent. Le mouvement lui avait fort enflé les cuisses, et avait même fait entrer les cordes si avant dans la chair, qu'elles ne paraissaient presque plus, de sorte que les chirurgiens déclarèrent que les incisions qu'on pourrait faire ne serviraient qu'à augmenter ses douleurs, et que le mal était incurable.

Dans une conjoncture si fâcheuse, le Fèvre, Laynez et les autres eurent recours à Dieu, et ce ne fut pas inutilement. Dès le lendemain, Xavier trouva, en s'éveillant, les cordes tombées, les cuisses sans aucune enflure, et seulement les marques des cordes sur la chair. Ils rendirent tous des actions de grâces au Ciel du soin que la Providence prenait déjà d'eux ; et, quelque mauvais que fussent les chemins en une saison très rude, ils continuèrent leur voyage avec allégresse.

Dès qu'ils furent arrivés à Venise, ils s'employèrent à des œuvres de miséricorde dans les hôpitaux de la ville. L'hôpital des Incurables fut le partage de Xavier : non content de s'occuper tout le jour à panser les plaies des malades, à faire leurs lits, à leur rendre d'autres services plus bas, il passait les nuits entières auprès d'eux. Mais ses soins ne se bornaient pas au soulagement du corps. Quoiqu'il ne sût guère l'italien, il parlait très souvent de Dieu, et il exhortait

B.IGNATIVS LOYOLA FVNDATOR Soc. IESV.

IHS

Ut cognoscamus in terra viam tuam, in omnibus
gentibus salutare tuum. Psal. 66.

TRICHON.

S. Ignace de Loyola.
(D'après une ancienne estampe.)

surtout les plus libertins à la pénitence, en leur faisant comprendre le mieux qu'il pouvait que si leurs maladies corporelles étaient incurables, celles de leurs âmes ne l'étaient pas ; que, quelque énormes que soient nos crimes, nous devons avoir toujours confiance en la miséricorde de Dieu.

Deux mois se passèrent dans ces exercices de charité; après quoi il se mit en route pour Rome, avec les autres disciples d'Ignace, qui demeura seul à Venise.

Étant arrivé à Rome, son premier soin fut de visiter les églises et de se consacrer au ministère évangélique sur le sépulcre des saints apôtres. Il eut occasion de parler plus d'une fois devant le pape, car Paul III, qui aimait les lettres et se faisait entretenir durant le repas par de savants hommes, voulut que ces étrangers, dont on lui avait tant loué la capacité, le vinssent voir plusieurs jours de suite, et qu'en sa présence ils traitassent tous divers points de théologie.

Après avoir reçu la bénédiction du saint-père pour le voyage de la terre sainte, et obtenu pour ceux qui n'étaient point prêtres la permission de recevoir les ordres sacrés, ils retournèrent à Venise. Xavier y fit vœu de pauvreté et de chasteté perpétuelle, avec les autres, entre les mains de Jérôme Veralli, nonce du pape ; et, ayant repris son poste dans l'hôpital des Incurables, il y continua jusqu'au temps de l'embarquement les exercices de charité que le voyage de Rome l'avait contraint d'interrompre.

Cependant la guerre qui s'alluma entre les Turcs et les Vénitiens rompit le commerce du Levant et ferma la porte de la terre sainte, tellement que le navire des pèlerins de Jérusalem ne partit point cette année-là. Xavier en eut un grand chagrin ; il s'en consola néanmoins en adorant les ordres de la Providence ; mais en même temps, pour se rendre plus utile au prochain, il se disposa à recevoir la prêtrise, et la reçut avec des sentiments de piété, de ferveur et de confusion qui ne se peuvent exprimer.

La ville lui sembla peu convenable pour se préparer à sa première messe. Il alla chercher un lieu solitaire, où, séparé de tout commerce des hommes, il ne fût occupé que de Dieu seul. Il trouva près de Monselice, bourgade peu éloignée de Padoue, une maison couverte de chaume, abandonnée et tout en ruine. Il y passa quarante jours exposé aux injures de l'air, couchant sur la dure, châtiant rudement son corps, jeûnant tous les jours, et vivant d'un peu de pain qu'il mendiait aux environs, mais goûtant toutes les douceurs du paradis dans la contemplation des vérités de la foi.

Xavier célébra sa première messe à Vicence, où Ignace fit venir tous ses compagnons ; et il la dit avec une telle abondance de larmes, que ceux qui y assistèrent ne purent eux-mêmes s'empêcher de pleurer.

Peu de temps après il tomba dans une maladie grave, par suite de la vie austère et laborieuse qu'il menait ; mais le secours du Ciel ne lui manqua point dans ce danger. Lorsque sa santé fut rétablie, Ignace l'envoya avec Bobadilla en mission à Bologne. Dès qu'il fut arrivé dans cette ville, Xavier se livra avec son ardeur accoutumée aux exercices du saint ministère, et il serait difficile de dire tout le bien qu'il fit ; mais ces travaux continuels épuisèrent sa forte constitution, et il retomba malade.

Cependant, tout faible et décharné qu'il était, il ne laissait pas de se traîner aux places publiques pour exciter les passants à la pénitence. Quand la voix lui manquait, son visage pâle, où l'image de la mort était peinte, parlait pour lui, et sa présence seule faisait des fruits admirables.

Tandis que Xavier s'employait ainsi à Bologne, il fut appelé à Rome par le père Ignace, qui s'était déjà présenté au pape pour lui offrir son service et celui de ses compagnons. Paul III agréa les offres de ces nouveaux ouvriers, et voulut qu'ils commençassent dans Rome à prêcher sous l'autorité du saint-siège. Les principales églises leur furent assignées pour cela, et l'on donna à Xavier celle de Saint-Laurent *in Damaso.*

La maladie l'ayant un peu quitté et ses forces étant revenues, il prêcha avec plus de vigueur et plus de véhémence que jamais. La mort, le jugement et l'enfer étaient le sujet ordinaire de ses discours. Il proposait ces vérités terribles simplement, mais d'une manière si touchante, que le peuple, qui venait en foule à ses sermons, sortait toujours de l'église gardant un profond silence et songeant bien moins à louer le prédicateur qu'à se convertir.

Cependant Jacques Govéa, Portugais, qui avait connu Ignace, Xavier et le Fèvre à Paris, et qui était principal du collège de Sainte-Barbe lorsqu'ils y demeuraient tous trois ensemble, étant venu à Rome pour des affaires importantes dont le Portugal le chargea, et voyant les fruits que faisaient ces prêtres de sa connaissance, manda au roi Jean III que des hommes comme ceux-là, savants, humbles, charitables, brûlant du zèle des âmes, infatigables au travail, amateurs de la croix, et ne cherchant que la plus grande gloire de Dieu, étaient tous propres à planter la foi dans les Indes orientales. Il ajoutait que, si l'on voulait avoir de ces excellents ouvriers, il ne fallait qu'en demander au souverain pontife, qui disposait d'eux absolument.

Jean III, le plus religieux prince de son siècle, écrivit à ce sujet à son ambassadeur don Pedro Mascaregnas, et lui ordonna d'obtenir du pape pour le moins six de ces hommes apostoliques dont parlait Govéa. Le pape renvoya l'affaire au père Ignace. Celui-ci répondit à Mascaregnas que, de dix qu'ils étaient, il ne pouvait lui en donner que deux tout au plus. Il nomma don Simon Rodriguez, Portugais, et Nicolas Bobadilla, Espagnol. Le premier était occupé à Sienne, et l'autre dans le royaume de Naples, suivant les intentions du saint-père. Quoique Rodriguez eût la fièvre quarte quand il fut rappelé de Sienne, il ne laissa pas de s'embarquer, peu de temps après, sur un navire de Lisbonne qui partait de Civita-Vecchia; et il emmena avec lui Paul de Camerin, qui s'était joint à eux depuis quelques mois.

Pour Bobadilla, à peine eut-il gagné Rome, qu'il tomba malade d'une fièvre continue.

Mascaregnas était à la veille de son départ lorsque le missionnaire arriva. Ignace, voyant Bobadilla hors d'état de se mettre en route, pensa devant Dieu à remplir sa place, ou plutôt à choisir celui que Dieu même avait élu. Un rayon céleste l'éclaira d'abord, et lui fit connaître que François Xavier était ce vase d'élection. Il l'appelle au même moment, et, tout rempli de l'Esprit divin : « Xavier, lui dit-il, j'avais désigné Bobadilla pour les Indes; mais le Ciel vous nomme aujourd'hui, et je vous l'annonce de la part du vicaire de Jésus-Christ. Allez, mon frère, où la voix de Dieu vous appelle, où le saint-siège vous envoie, et embrasez tout du feu qui vous brûle. »

Xavier répondit, les larmes aux yeux et la rougeur sur le front, qu'il ne pouvait assez s'étonner qu'on pensât à un homme aussi faible et aussi lâche que lui pour un emploi qui ne demandait pas moins qu'un apôtre; qu'il était pourtant prêt à obéir aux ordres du Ciel, et s'offrait de bon cœur à tout pour le salut des Indiens. Ensuite, faisant éclater la joie qu'il sentait au fond de l'âme, il dit confidentiellement à son père Ignace que ses vœux étaient accomplis; car depuis longtemps il soupirait après les Indes sans oser le dire.

Xavier partit en la compagnie de Mascaregnas, le 15 mars de l'année 1540, sans autre bagage qu'un bréviaire.

Le voyage de Rome à Lisbonne se fit toujours par terre et dura plus de trois mois. On avait donné un cheval à Xavier, par l'ordre de l'ambassadeur; mais dès qu'il fut en chemin, ce cheval devint commun. Le père descendait souvent pour soulager les valets qui suivaient à pied, ou changeait de cheval avec ceux qui n'étaient pas bien montés. Aux hôtelleries il se faisait le valet de tout le monde, et pansait quelquefois les chevaux par un excès de ferveur qui lui fit oublier en ces occasions la dignité de son caractère. Il cédait sa chambre et son lit aux gens qui n'en avaient point, et ne se couchait guère qu'à terre ou sur la paille dans une écurie; toujours gai, au reste, et tenant des discours agréables qui faisaient rechercher sa compagnie, mais y mêlant quelque chose qui édifiait les maîtres et les serviteurs, et inspirait des sentiments de piété aux uns et aux autres.

Lorsqu'ils approchaient de Pampelune, Mascaregnas fit réflexion que le père François (c'est ainsi qu'on appelait Xavier communément) ne parlait point d'aller au château de Xavier, peu éloigné de leur chemin. Il l'en avertit, et l'en pressa même jusqu'à lui représenter que, quittant l'Europe pour n'y revenir peut-être jamais, il ne pouvait pas se dispenser de rendre une visite à sa mère, qui vivait encore.

Les remontrances de l'ambassadeur ne firent aucun effet sur notre saint, qui, depuis qu'il avait abandonné tout pour Dieu, ne croyait plus avoir rien au monde, et qui d'ailleurs était persuadé que la chair et le sang sont ennemis de l'esprit apostolique. Il suivit le droit chemin, et dit seulement à Mascaregnas qu'il se réservait de voir ses parents au ciel, non en passant et avec le chagrin que les adieux causent d'ordinaire, mais pour toujours et avec une joie toute pure.

Ils arrivèrent à Lisbonne vers la fin du mois de juin, Xavier se retira à l'hôpital de Tous-les-Saints, où Rodriguez, qui était venu par mer, avait pris son logement.

Trois à quatre jours après, ils furent appelés tous deux à la cour. Le roi et la reine reçurent Xavier comme un saint, sur le rapport de Mascaregnas, et lui témoignèrent toute la bienveillance possible.

Quoiqu'un officier du palais eût ordre de préparer pour Xavier et pour Rodriguez un logement honnête et commode, ils retournèrent à l'hôpital et y demeurèrent toujours. Ils ne voulurent pas même recevoir ce qui leur fut assigné par la cour pour leur nourriture; ils allaient demander l'aumône par la ville à certaines heures, et vivaient en pauvres, selon la règle qu'ils s'étaient prescrite.

Comme l'embarquement ne devait avoir lieu qu'au printemps de l'année suivante, et que ces hommes apostoliques ne savaient ce que c'est que d'être oisifs, Xavier se donna bientôt de l'emploi, et fit à Lisbonne ce qu'il avait fait à Venise, à Bologne et à Rome, pendant plus de deux années. Mais, outre qu'il assistait jour et nuit les malades de l'hôpital, qu'il visitait tous les jours les prisonniers, et faisait plusieurs fois la semaine le catéchisme aux enfants, il traitait souvent avec les principales personnes de la cour, et les engageait aux exercices spirituels du père Ignace.

Le père Simon Rodriguez s'occupait, de son côté, au service du prochain, avec la même méthode et le même esprit.

Les deux missionnaires ne travaillèrent pas en vain à Lisbonne. Dès les premiers jours, la dévotion se mit dans le peuple : on vit tout le monde fréquenter les sacrements, dont personne ne s'approchait guère que le carême; et ce saint usage se répandit insensiblement par toutes les villes. Plusieurs qui différaient leur conversion de jour en jour se donnèrent tout à coup à Dieu, et renoncèrent même au siècle. On vit aussi alors de touchantes réconciliations et des conversions admirables et inespérées.

Pendant que les deux missionnaires destinés aux Indes étaient ainsi occupés et attendaient avec impatience le temps propre à la navigation, le roi, considérant tout le bien qu'ils avaient fait en si peu de temps parmi la noblesse et le peuple, songea à les retenir en Portugal. Il lui semblait que l'intérêt de son royaume devait lui être plus cher que celui des terres étrangères, et que ces nouveaux ouvriers feraient plus de fruit dans un pays catholique que dans les contrées barbares.

Cette résolution affligea d'autant plus Xavier et Rodriguez, qu'ils soupiraient l'un et l'autre après l'Orient. Toute leur ressource fut d'écrire à Rome et d'implorer l'assistance du père Ignace. Le père en parla au pape ; mais Sa Sainteté ne voulut rien décider là-dessus, et remit l'affaire à la volonté des Portugais ; de sorte qu'Ignace manda aux deux pères que le roi leur tenait la place de Dieu, et qu'ils devaient lui obéir aveuglément. Il écrivit en même temps à don Pedro Mascaregnas que Xavier et Rodriguez étaient à la disposition du prince, et qu'ils demeureraient toujours en Portugal si Sa Majesté le voulait ; qu'il croyait néanmoins qu'on pouvait prendre un moyen terme : c'était de garder Rodriguez pour le Portugal, et de laisser aller Xavier aux Indes.

Le roi agréa le partage qu'Ignace avait fait, et l'on s'en tint là, comme si Dieu eût parlé lui-même. Xavier, transporté de joie à cette nouvelle, loua la bonté divine, qui le choisissait de nouveau pour la mission d'Orient, ou plutôt qui exécutait ses desseins éternels malgré les contradictions des hommes.

Le temps de l'embarquement était venu, il fut appelé un jour au palais ; le roi lui présenta quatre brefs expédiés de Rome la même année, dans deux desquels le souverain pontife faisait Xavier nonce apostolique, et lui donnait des pouvoirs très grands pour étendre et maintenir la foi dans tout l'Orient. Sa Sainteté le recommandait, dans le troisième, à David, empereur d'Éthiopie, et, dans le quatrième, à tous les princes qui possédaient les îles de la mer ou de la terre ferme, depuis le cap de Bonne-Espérance jusqu'au delà du Gange.

Peu de jours avant l'embarquement, don Antoine d'Ataïde, comte de Castagnera, qui avait l'intendance des provisions de l'armée navale, avertit Xavier de faire un mémoire des choses qui lui étaient nécessaires pour le voyage, et l'assura, de la part du roi, que rien ne lui manquerait. « On ne manque de rien, repartit le père en souriant, quand on n'a besoin de rien. Je suis très obligé au roi de sa libéralité, et je vous le suis de vos soins ; mais je dois encore davantage à la Providence, et vous ne voulez pas que je m'en défie. »

Le comte de Castagnera, qui avait un ordre exprès de fournir tout abondamment au père Xavier, lui fit de fortes instances, et le pressa tant de prendre quelque chose, de peur, disait-il, de tenter la Providence, qui ne faisait pas toujours des miracles, que Xavier, pour ne pas paraître opiniâtre ou présomptueux, demanda quelques petits livres de piété, dont il prévoyait qu'il aurait affaire dans les Indes, et un habit de gros drap pour se garantir des froids excessifs qu'on a à souffrir au delà du cap de Bonne-Espérance.

Le comte, étonné de ce que le père ne demandait rien de plus, le supplia d'user mieux des offres qu'on lui avait faites; mais, voyant que toutes les prières étaient inutiles : « Vous ne serez pas tout à fait le maître, lui dit-il avec un peu de chaleur, ou du moins vous ne refuserez pas un valet dont vous ne sauriez vous passer. — Tant que j'aurai ces deux mains, répliqua Xavier, je n'aurai point d'autre valet. — Mais la bienséance veut que vous en ayez, reprit le comte ; car enfin vous avez une dignité que vous ne devez pas avilir, et il serait honteux de voir un légat apostolique laver son linge à bord d'un navire et s'apprêter lui-même à manger. — Je prétends bien, dit Xavier, me servir et servir les autres sans déshonorer mon caractère : pourvu que je ne fasse point de mal, je ne crains pas de scandaliser le prochain, ni de perdre l'autorité que le saint-siége m'a commise. »

Le jour du départ arriva enfin ; tout étant prêt pour mettre à la voile, Xavier se rendit au port avec les deux compagnons qu'il menait aux Indes : le père Paul de Camerin, Italien, et François Mansilia, Portugais, qui n'était pas encore prêtre. Simon Rodriguez le conduisit jusqu'à la flotte. « Mon frère, lui dit Xavier, voici les dernières paroles que je vous adresserai jamais. Nous ne nous verrons plus en ce monde ; souffrons patiemment notre séparation, car il est certain qu'étant bien unis à Dieu, nous serons unis ensemble, et que rien ne pourra nous séparer de la société que nous avons en Jésus-Christ. »

C'est alors qu'il fit part à son compagnon d'une vision qu'il avait eue dans un hôpital de Rome, et qu'il avait tenue cachée jusqu'à ce jour. Dans cette vision, Dieu ayant fait connaître au saint missionnaire tout ce qu'il souffrirait pour la gloire de Jésus-Christ, il s'était écrié : *Encore plus, Seigneur, encore plus !* Ce désir de Xavier allait être bientôt satisfait ; et c'est dans les Indes que devait se réaliser ce que Dieu lui avait montré en Italie.

Après ce récit, ils s'embrassèrent et se séparèrent les larmes aux yeux. Dès que Rodriguez s'en fut retourné, on donna le signal pour partir, et on leva l'ancre. La flotte fit voile le 7 avril de l'année 1541, sous la conduite de don

Martin-Alphonse de Sosa, vice-roi des Indes, homme d'une probité reconnue et d'une expérience consommée. Il voulut avoir le père Xavier avec lui dans la capitane, appelée *le Saint-Jacques*. Xavier entrait ce jour-là, qui était celui de sa naissance, dans sa trente-sixième année; il avait demeuré huit mois entiers à Lisbonne, et il y avait plus de sept ans qu'il était au nombre des disciples d'Ignace de Loyola.

LIVRE DEUXIÈME

Xavier ne demeura pas inactif durant le cours de la navigation : son premier soin fut d'arrêter les désordres que l'oisiveté produit d'ordinaire sur les vaisseaux, et il commença par le jeu, qui est le seul divertissement ou plutôt toute l'occupation des gens de mer.

Pour bannir les jeux de hasard, qui donnent presque toujours lieu aux querelles et aux jurements, il proposa de petits jeux innocents capables d'amuser l'esprit sans remuer trop les passions; mais quand, malgré lui, on jouait aux cartes ou aux dés, il ne laissait pas de voir jouer, afin de retenir les joueurs par sa présence; et s'ils s'emportaient, il les ramenait par des remontrances douces et honnêtes.

Il y avait sur le vaisseau qu'il montait environ mille personnes de toutes sortes de conditions. Le père se fit tout à tous pour les gagner tous à Jésus-Christ, entretenant les uns et les autres de ce qui leur convenait davantage; parlant de marine avec les matelots, de guerre avec les soldats, de commerce avec les marchands, et d'affaires d'État avec la noblesse. Sa complaisance et sa gaieté naturelle le faisaient aimer de tout le monde.

Il instruisait tous les jours les matelots des principes de la foi, que la plupart ignoraient ou ne savaient guère bien, et il prêchait toutes les fêtes au pied du grand mât. Chacun profitait des enseignements du prédicateur, et en peu de temps on n'entendit plus parmi eux rien qui blessât ni l'honneur de Dieu, ni la charité du prochain, ni même la pureté et la bienséance. Ils avaient pour lui un très grand respect, et d'un mot il apaisait leurs querelles ou terminait leurs différends.

Le vice-roi don Martin-Alphonse de Sosa voulut dès les premiers jours le faire manger à sa table; mais Xavier l'en remercia très humblement, et ne vécut pendant le voyage que de ce qu'il mendiait dans le navire.

Cependant les froids insupportables du cap Vert et les chaleurs excessives de la Guinée, avec l'eau douce et les viandes qui se corrompirent sous la ligne, causèrent de très fâcheuses maladies. La plus commune était une fièvre pestilentielle, accompagnée d'une espèce de chancre qui se formait dans la bouche, et qui ulcérait toutes les gencives. Les malades, mêlés ensemble, s'infectaient les uns les autres; et, comme on craignait de gagner leur mal, on les aurait abandonnés si le père François n'eût eu pitié d'eux. Il essuyait leurs sueurs, nettoyait leurs ulcères, lavait leur linge, et leur rendait les services les plus abjects; mais il avait soin surtout de leur conscience, et sa principale occupation était de les disposer à mourir chrétiennement.

Après cinq mois de continuelle navigation, la flotte arriva au Mozambique vers la fin d'août.

Dès qu'on eut pris terre, Sosa fit transporter les malades de chaque navire à l'hôpital qui est dans l'île, et dont les rois de Portugal sont les fondateurs. Le père Xavier les suivit, et avec ses deux compagnons il entreprit de les servir tous.

Animé d'une nouvelle ferveur, il allait de salle en salle et de lit en lit, faisant prendre des médecines aux uns, administrant les derniers sacrements aux autres. Chacun voulait l'avoir auprès de soi, et ils disaient que la vue seule de son visage leur valait mieux que tous les remèdes.

Tant de fatigues accablèrent enfin la nature, et il tomba lui-même malade d'une fièvre si violente et si maligne, qu'on le saigna sept fois en fort peu de temps, et qu'il fut trois jours en délire. Au commencement de son mal, plusieurs personnes voulurent le retirer de l'hôpital; où l'infection était effroyable, et lui offrirent leur logis; il refusa constamment, et leur dit qu'ayant fait vœu de pauvreté, il voulait vivre et mourir parmi les pauvres.

Mais quand la violence du mal fut un peu passée, le saint s'oublia lui-même pour songer aux autres : quelquefois, ne pouvant se soutenir et brûlant de la chaleur de la fièvre, il visitait ses chers malades et les servait autant que lui permettait sa faiblesse. Le médecin, l'ayant rencontré un jour qu'il allait et venait dans le fort de son accès, dit, après lui avoir tâté le pouls, qu'il n'y avait personne à l'hôpital plus dangereusement malade que lui, et le pria de se donner un peu de repos, du moins jusqu'à ce que la fièvre fût sur son déclin.

« Je vous obéirai ponctuellement, repartit le père, dès que j'aurai satisfait à un devoir qui me presse : il y va du salut d'une âme, et il n'y a pas de temps à perdre. » Au même moment il faisait porter sur son lit un pauvre garçon de l'équipage qui était étendu à terre sur un peu de paille, avec une fièvre ardente, sans parole et sans connaissance. Le jeune homme ne fut pas plutôt sur le lit du saint, qu'il revint à lui. Xavier profita de l'occasion, et se couchant auprès du malade, qui avait mené une vie fort dissolue, l'exhorta si bien toute la nuit à détester ses péchés et à espérer en la miséricorde de Dieu, qu'il le vit mourir dans de grands sentiments de douleur et de confiance.

Du reste, le père garda la parole qu'il avait donnée au médecin, et se ménagea ensuite davantage ; de sorte que sa fièvre diminua beaucoup, et disparut même tout à fait. Mais ses forces n'étaient pas encore revenues, qu'il lui fallut se remettre en mer. Le vice-roi, qui commençait à se porter mal, ne voulut pas demeurer plus longtemps dans un lieu si infecté, ni attendre la guérison de ses gens pour continuer son voyage. Il pria Xavier de l'accompagner, et de laisser avec les malades Paul de Camerin et François Mansilla, qui faisaient très bien leur devoir dans l'hôpital.

Ainsi, après six mois de séjour au Mozambique, ils s'embarquèrent de nouveau, le 15 mars de l'année 1542, sur un autre vaisseau plus léger et meilleur voilier que le *Saint-Jacques*.

Le vaisseau qui portait Sosa et Xavier eut le vent si favorable, qu'en deux à trois jours il gagna Mélinde, sur la côte d'Afrique. Cette ville, située au bord de la mer dans un terrain plat, bien cultivé, planté partout de palmiers, et orné de beaux jardins, a une enceinte fort grande, et est fermée de murailles comme les villes de l'Europe.

Le cap de Gardafui.

Le premier objet qui se présenta au père François à la sortie du vaisseau lui tira des larmes des yeux, mais des larmes de joie et de compassion tout ensemble. C'était une grande croix de pierre fort bien faite et toute dorée, que les Portugais résidant à Mélinde avaient élevée dans le cimetière qu'ils ont auprès de la ville.

Le saint y courut et l'adora, consolé intérieurement de la voir si élevée et comme triomphante parmi les ennemis de Jésus-Christ.

Il pensa ensuite à conférer de la religion avec les Maures, pour tâcher de leur faire voir les extravagances du mahométisme, et de leur expliquer les vérités de la foi chrétienne. Un des principaux de la ville et des plus zélés pour sa secte le prévint, et lui demanda d'abord si la piété était éteinte dans les villes de l'Europe comme elle l'était à Mélinde. « Car enfin, disait-il, de dix-sept mosquées que nous avons, il y en a quatorze qui sont désertes, et trois seulement où l'on va ; encore ces trois sont visitées de peu de personnes. Quelques réflexions que je fasse, je ne vois pas ce qui peut nous avoir attiré un si grand malheur. — Il n'y a rien de plus clair, repartit Xavier. Dieu, qui a en horreur la prière des infidèles, laisse périr parmi vous un culte qui ne lui plaît pas, et fait entendre par là qu'il réprouve votre secte. » Le Sarrasin ne se rendit pas à cette raison, ni à tout ce que dit Xavier contre le Coran. Lorsqu'ils disputaient ensemble, un cacique ou docteur de la loi survint. Ayant fait la même plainte touchant la solitude des mosquées et le peu de dévotion du peuple : « J'ai pris mon parti, dit-il ; et si dans deux ans Mahomet ne vient en personne visiter les fidèles qui le reconnaissent pour le vrai prophète de Dieu, je chercherai assurément une autre religion que la sienne. » Xavier eut pitié de la folie du cacique, et mit tout en œuvre pour lui faire abjurer dès lors le mahométisme ; mais il ne put rien gagner sur cet esprit opiniâtre, et il se soumit aux ordres de la Providence, qui a marqué les moments de la conversion des pécheurs et des infidèles.

Étant partis de Mélinde, où ils ne furent que peu de jours, ils côtoyèrent l'Afrique, et allèrent mouiller à Socotora, au delà du cap de Gardafui. Il n'y a peut-être pas dans le monde un lieu plus triste : l'air y est toujours embrasé, la terre sèche et stérile ; et s'il n'y naissait le meilleur aloès de tout l'Orient, on ne saurait guère ce que c'est que Socotora. La religion du peuple est un assemblage monstrueux de mahométisme, de judaïsme et de christianisme.

L'état de ces insulaires affligea sensiblement le père Xavier. Il ne désespéra pas pourtant de pouvoir ramener à la foi une nation qui, toute barbare qu'elle était, gardait encore quelques marques du christianisme. Comme il ne savait pas leur langue, il leur témoigna d'abord par signes la compassion qu'il avait de leur ignorance et de leur égarement ; ensuite, soit que quelqu'un d'eux sût le portugais et lui servît d'interprète, soit que dès lors il reçût d'en haut les prémices du don des langues qui lui fut communiqué si abondamment aux Indes en diverses occasions, il leur parla de la nécessité du baptême, et leur fit comprendre qu'on ne pouvait se sauver sans croire sincèrement à Jésus-Christ, mais que la foi ne souffre point de mélanges, et que pour être chrétien il fallait cesser d'être juif ou mahométan.

Ces paroles firent impression sur l'esprit et sur le cœur des barbares. Les uns lui présentèrent de leurs fruits sauvages pour marque de leur amitié ; les autres lui offrirent leurs enfants, afin qu'il les baptisât ; tous lui promirent de recevoir le baptême et de vivre en véritables chrétiens, pourvu qu'il demeurât avec eux ; mais quand ils virent que le vaisseau portugais était sur le point de partir, ils coururent en foule au rivage, et conjurèrent le saint, les larmes aux yeux, de ne pas les abandonner.

Ce spectacle attendrit Xavier ; il pria instamment le viceroi de vouloir bien lui permettre de rester dans l'île, du moins jusqu'au passage des vaisseaux qu'on avait laissés au Mozambique ; mais il ne put obtenir ce qu'il demandait, et Sosa lui dit que, le Ciel l'ayant destiné aux Indes, ce serait manquer à sa vocation que de prendre ainsi le change, et de s'arrêter au commencement de la carrière ; que son zèle trouverait ailleurs un plus vaste champ que Socotora, et des peuples mieux disposés que ces insulaires naturellement volages et aussi prompts à quitter la foi qu'à la recevoir.

Xavier se rendit aux raisons du vice-roi, qui fut pour lui, en cette rencontre, l'interprète de la volonté divine, et dans le même moment on mit à la voile.

Après une traversée de quelques jours, ils arrivèrent au port de Goa le 6 mai de l'année 1542, et le treizième mois depuis leur sortie du port de Lisbonne.

La ville de Goa est située en deçà du Gange, dans une île qui porte le même nom, et qui domine sur celle que forme la mer en entrant par divers canaux dans la terre ferme de Canara. C'était la capitale des Indes, le siège de l'évêque et du vice-roi, et le lieu de tout l'Orient le plus considérable pour le commerce. Elle avait été bâtie par les Maures quarante ans avant que les Européens passassent aux Indes, et en l'année 1510 don Alphonse d'Albuquerque, surnommé le Grand, l'enleva aux infidèles et la soumit à la couronne de Portugal.

Xavier, en sortant du navire, alla prendre son logement à l'hôpital, malgré toutes les résistances du vice-roi, qui désirait l'avoir chez lui; mais il ne voulut pas commencer ses fonctions de missionnaire qu'il n'eût rendu auparavant ses devoirs à l'évêque de Goa. c'était don Jean d'Albuquerque, religieux de Saint-François, homme de très grand mérite, et l'un des plus vertueux prélats que l'Église ait peut-être jamais eus.

Le père, après lui avoir expliqué les raisons par lesquelles le souverain pontife et le roi de Portugal l'avaient envoyé aux Indes, lui présenta les brefs de Paul III, et lui déclara qu'il ne prétendait s'en servir qu'avec son agrément; il se jeta ensuite à ses pieds et lui demanda sa bénédiction.

Le prélat, édifié de la modestie du père et frappé de l'air de sainteté répandu sur son visage, le releva aussitôt et l'embrassa tendrement. Il baisa plusieurs fois les brefs du pape et, en les rendant au père, il lui parla de la sorte : « Un légat apostolique, envoyé immédiatement du vicaire de Jésus-Christ, n'a pas besoin de prendre sa mission d'ailleurs; usez librement des pouvoirs que le saint-siège vous a donnés, et soyez sûr que, si l'autorité épiscopale vous est nécessaire pour les maintenir, elle ne vous manquera pas. »

Le dérèglement des mœurs était alors extrême dans les Indes; la justice se vendait dans les tribunaux. Toutes les voies étaient permises pour amasser de l'argent, et surtout l'usure se pratiquait publiquement. On comptait pour rien un assassinat, et l'on s'en vantait comme d'une belle action.

L'évêque de Goa avait beau menacer de la colère du Ciel et fulminer des excommunications pour arrêter ces débordemants, les cœurs étaient si endurcis, qu'on se moquait des menaces et des anathèmes de l'Église, ou, pour mieux dire, la privation des sacrements n'était pas une peine pour des scélérats et des impies qui s'en séparaient d'eux-mêmes. L'usage de la confession et de la communion était en quelque sorte aboli ; et si quelqu'un par hasard, touché des remords de sa conscience, voulait se réconcilier avec Dieu aux pieds d'un prêtre, il n'osait le faire que la nuit et secrètement, tant l'action paraissait extraordinaire et humiliante.

On y manquait d'ailleurs de secours spirituels. Il n'y avait pas quatre prédicateurs dans toutes les Indes, ni guère plus de prêtres hors de Goa, de sorte que dans plusieurs forteresses on n'entendait ni sermon ni messe durant des années entières.

Pour les gentils, la vie qu'ils menaient tenait bien plus de la bête que de l'homme. Leurs mœurs étaient on ne peut plus dissolues ; la plupart adoraient le démon sous une figure impudique. Il y en avait qui changeaient de dieu tous les jours, et la première chose vivante qu'ils rencontraient le matin était l'objet de leur culte. Chacun, au reste, faisait à ses dieux des sacrifices sanglants, et rien n'était plus commun que de voir égorger de petits enfants par leur propre père devant les idoles.

Tant d'abominations enflammèrent le zèle du père Xavier. Il eût bien voulu pouvoir remédier à tout en même temps : il crut néanmoins devoir commencer par les chrétiens ; il jugea même qu'il devait s'attacher d'abord aux Portugais, dont l'exemple était très puissant sur les Indiens baptisés ; et voici de quelle manière il s'y prit.

Pour attirer les bénédictions du Ciel sur une si difficile entreprise, il passait la plus grande partie de la nuit avec Dieu, et ne dormait guère que trois à quatre heures ; encore ce peu de repos était troublé ordinairement ; car, étant logé à l'hôpital et couchant toujours près des plus malades, il se levait pour les secourir ou pour les consoler, dès qu'il les entendait se plaindre.

Il se remettait en prière à la pointe du jour, et disait ensuite la messe. Toute la matinée s'employait dans les hôpitaux, et particulièrement dans celui des lépreux, qui était dans un des faubourgs de Goa. Il embrassait ces malheureux l'un après l'autre, et leur distribuait lui-même ce qu'il avait mendié de porte en porte pour eux. Il allait de là aux prisons, et rendait aux prisonniers les mêmes devoirs de charité.

En revenant il faisait un tour par la ville, la clochette à la main, et priait à haute voix les pères de famille d'envoyer, pour l'amour de Dieu, leurs enfants et leurs esclaves au catéchisme.

Les enfants s'assemblaient en foule autour de Xavier ; il les menait à l'église, et là il leur expliquait le symbole des apôtres, les commandements de Dieu, et toutes les pratiques de piété qui sont en usage parmi les fidèles. Ces jeunes plantes recevaient sans peine les impressions que le père leur donnait, et ce fut par les enfants que la ville commença à changer de face ; car, en écoutant tous les jours l'homme de Dieu, ils devinrent pieux et modestes, et leur conduite était une censure tacite de la dissolution des personnes avancées en âge. Ils reprenaient quelquefois leurs pères avec une liberté qui n'avait rien de l'enfance, et ces réprimandes faisaient rougir les plus corrompus.

Xavier fit alors des prédications publiques, où tout le peuple accourut. Les pécheurs les plus scandaleux se confessèrent les premiers ; leur exemple fit perdre aux autres la honte qu'ils avaient de se confesser : si bien que tous se jetèrent aux pieds du père, pleurant amèrement leurs péchés.

Les fruits de pénitence qui accompagnèrent ces larmes furent des preuves certaines d'une véritable conversion. On rompit les faux contrats et les traités usuraires, on restitua le bien mal acquis ; on mit en liberté les esclaves qu'on possédait injustement, et enfin on régla ses mœurs d'une manière plus chrétienne.

Les choses en étaient là, lorsque Michel Vaz, vicaire général des Indes, homme d'une vertu rare et fort zélé pour l'accroissement de la foi, fit entendre au père Xavier que dans la côte orientale, qui s'étend depuis le cap Comorin jusqu'à l'île Manar, et qu'on appelle la côte de la Pêcherie, il y avait certains peuples nommés Paravas, c'est-à-dire pêcheurs, qui s'étaient fait baptiser depuis quelque temps ; que ces peuples n'avaient de chrétien que le baptême et le nom, faute de gens qui les instruisissent, et que ce serait une très bonne œuvre d'achever leur conversion.

On ne pouvait faire à Xavier une proposition qui fût plus

selon son cœur. Il s'offrit sans hésiter pour aller instruire les gens dont Vaz lui parlait, et il le fit d'autant plus volontiers que sa présence n'était plus si nécessaire dans Goa, où la religion avait pris une forme constante depuis cinq mois.

Ayant donc reçu la bénédiction de l'évêque, il s'embarqua vers la mi-octobre de l'année 1542, avec deux jeunes ecclésiastiques de Goa qui entendaient assez bien le langage des Malabares, qu'on parle à la côte de la Pêcherie.

Le cap Comorin est éloigné d'environ six cents milles de Goa ; c'est une longue montagne qui avance dans la mer, en face de l'île de Ceylan. Le père, y étant arrivé, rencontra d'abord un village tout idolâtre. Il ne voulut point passer outre sans annoncer le nom de Jésus-Christ aux gentils ; mais tout ce qu'il put leur dire par la bouche de ses interprètes ne servit à rien, et ces païens déclarèrent nettement qu'ils ne pouvaient changer de religion avant que le seigneur dont ils relevaient y eût consenti. Leur opiniâtreté néanmoins ne dura pas longtemps, et le Ciel, qui avait destiné Xavier à la conversion des idolâtres, ne voulut pas que les premiers soins qu'il prenait pour eux fussent inutiles.

Une femme de ce village souffrait depuis trois jours d'extrêmes douleurs, sans pouvoir être soulagée par les prières des brahmanes, ni par aucun remède naturel. Xavier l'alla voir, lui expliqua les principes de la foi, et l'exhorta à mettre sa confiance dans le Dieu des chrétiens. L'Esprit-Saint, qui voulait sauver par elle tout ce peuple, la toucha intérieurement ; de sorte qu'étant interrogée si elle croyait en Jésus-Christ et si elle voulait être baptisée, elle dit que oui et que c'était de tout son cœur.

Alors Xavier lut un évangile sur elle et la baptisa ; elle fut aussitôt parfaitement guérie. Un miracle si visible remplit la cabane d'étonnement et de joie ; toute la famille se jeta aux pieds du père pour se faire instruire, et après une instruction suffisante il n'y en eut pas un qui ne reçût le baptême.

Le saint homme poursuivit son chemin avec allégresse et gagna bientôt Tutucurin, qui est la première habitation des Paravas. Il trouva qu'en effet ces peuples, au baptême près, étaient de vrais infidèles ; et il leur enseigna les mystères de la foi, dont ils n'avaient aucune teinture. Les deux ecclé-

siastiques qui l'accompagnaient lui servirent de truche-
ments; mais Xavier, faisant réflexion que les interprètes
altèrent souvent les choses qui passent par leur bouche,
et que ce qu'on dit soi-même a bien plus de force, eut la
pensée de chercher un expédient pour se faire entendre sans
le secours de personne. Le parti qu'il prit fut de réunir
quelques gens du pays sachant le portugais, et les deux
ecclésiastiques qui savaient le malabare. Il les consulta
plusieurs jours de suite les uns et les autres, et à force de
travail il traduisit en langue des Paravas les paroles du
signe de la croix, le Symbole de la foi, les commandements de Dieu, l'Oraison dominicale, la Salutation angé-
lique, le *Confiteor* et le *Salve regina*, enfin tout le catéchisme.

Dès que la traduction fut faite, le père en apprit par cœur
ce qu'il put, et se mit à parcourir les villages de la côte,
qui étaient au nombre de trente, moitié baptisés, moitié
idolâtres. « J'allais, la clochette à la main, dit-il lui-même,
et rassemblant tout ce que je rencontrais d'hommes et
d'enfants, je leur enseignais la doctrine chrétienne : les
enfants l'apprenaient aisément par cœur en un mois, et
quand ils la savaient bien, je leur recommandais de l'enseigner eux-mêmes à leurs pères et à leurs mères, à leurs
domestiques et à leurs voisins.

« Les dimanches, j'assemblais dans la chapelle les hommes
et les femmes, les garçons et les filles ; tous y venaient avec
une joie incroyable et avec un désir ardent d'entendre la
parole de Dieu. »

Il est évident, par ce que nous venons de dire de l'instruction des Paravas, que Xavier n'avait pas le don des
langues quand il commença à les instruire ; mais il paraît
aussi que, depuis qu'il eut fait cette traduction, il entendait et parlait la langue malabare, soit qu'il en eût acquis
la connaissance par son travail, soit que Dieu lui en eût
donné l'intelligence d'une manière surnaturelle.

Ayant instruit l'espace d'un mois les habitants d'un village de la manière que nous avons dite, le père Xavier,
avant de passer outre, convoquait les plus habiles d'entre
eux, et leur donnait par écrit ce qu'il avait enseigné, afin
que, maîtres des autres, ils fissent, les dimanches et les
fêtes, des assemblées où l'on répétât, selon sa méthode, ce
qu'on avait une fois appris.

Il est difficile de dire les fruits qui se firent sur cette côte, et quelle fut la ferveur de cette chrétienté naissante. Le saint, écrivant aux pères de Rome, confesse lui-même n'avoir point de parole pour l'exprimer. Il ajoute que la multitude de ceux qui recevaient le baptême était si grande, qu'à force de baptiser il ne pouvait plus lever les bras, et que la voix lui manquait souvent en relisant tant de fois le symbole des apôtres et les commandements de Dieu, avec une petite instruction qu'il faisait toujours sur les devoirs du véritable chrétien avant de baptiser les adultes.

Il n'y eut jamais tant de malades à la côte de la Pêcherie que lorsque le saint y fut; et il semblait que Dieu envoyât des maladies à ces peuples pour les attirer à sa connaissance presque malgré eux; car, venant à recouvrer la santé tout à coup et contre toutes les apparences dès qu'ils recevaient le baptême ou qu'ils invoquaient Jésus-Christ, ils voyaient clairement la différence qu'il y a entre le Dieu des chrétiens et les pagodes : c'est le nom qu'on donne dans l'Orient aux temples et aux simulacres des faux dieux.

Personne ne tombait malade parmi les gentils qu'on n'eût recours au père Xavier. Comme il ne pouvait pas suffire à tout, ni être en plusieurs lieux à la fois, il envoyait les enfants chrétiens où il ne pouvait aller lui-même. La multitude des miracles qu'opéra Xavier par le moyen de ces enfants le fit admirer des chrétiens et des idolâtres, et les exemples de punition que le Ciel multipliait contre ceux qui étaient sourds à la voix de son ministre lui concilièrent les respects de tout le monde; il n'y avait pas jusqu'aux brahmanes qui ne l'honorassent. Comme nous aurons à parler souvent de ces prêtres des idoles, il ne sera pas hors de propos de les faire bien connaître.

Les brahmanes sont parmi les Indiens des hommes très considérables par leur naissance et leur emploi. Selon les anciennes fables des Indes, leur origine est céleste, et c'est un sentiment commun qu'ils ont encore dans leurs veines le sang des dieux dont on les croit descendus. Le peuple s'imagine que ce sont des saints, parce qu'ils mènent une vie dure et affreuse, n'ayant souvent pour demeure que le creux d'un arbre ou une caverne, étant quelquefois sans abri sur les montagnes et dans les déserts, exposés aux injures de la saison la plus rigoureuse, gardant un profond silence, jeûnant des années entières, et faisant profession de ne manger rien qui ait eu vie.

Mais le fruit de ces austérités, qu'ils pratiquent publiquement, est de s'abandonner au crime dans la retraite, sans nulle honte et sans nul remords de conscience.

La doctrine des brahmanes n'est pas meilleure que leur vie. Une de leurs plus grossières erreurs est de croire que les vaches ont quelque chose de sacré et de divin; qu'on est heureux quand on peut être couvert des cendres d'une vache brûlée de la main d'un brahmane; mais qu'on l'est bien davantage quand on meurt en tenant la queue d'une vache entre ses mains; que l'âme, avec ce secours, sort toute pure de son corps et rentre quelquefois dans le corps d'une vache; qu'une telle grâce néanmoins ne s'accorde qu'aux grands hommes qui méprisent la vie et meurent généreusement, ou en se précipitant du haut des montagnes, ou en se jetant dans les bûchers allumés, ou en se faisant écraser sous les roues des chariots qui portent quelquefois les pagodes autour des villes.

Le père Xavier, qui voyait que sans les brahmanes il n'y aurait peut-être pas eu un idolâtre dans tous ces vastes royaumes de l'Asie, n'épargna rien pour amener à la connaissance du vrai Dieu une caste si perverse. Il traita souvent avec eux de la religion. Mais que peut la vérité sur des esprits qui trouvent leur compte à suivre l'erreur, et qui font profession de tromper les peuples? Ils lui répondaient ce que répondent encore aujourd'hui plusieurs chrétiens : « Que dira le monde de nous s'il nous voit changer? Et puis, que deviendront nos familles, qui ne subsistent que des offrandes qu'on fait aux pagodes? » Ainsi le respect humain et l'intérêt firent que la connaissance de la vérité ne servit qu'à les rendre plus coupables.

Xavier fit pourtant en leur présence des miracles bien capables de les convertir. Ayant rencontré un pauvre tout nu et couvert d'ulcères depuis les pieds jusqu'à la tête, il le lava de sa main, but une partie de l'eau qui servit à le laver, et pria Dieu auprès de lui avec une ferveur incroyable. Dès qu'il eut achevé sa prière, la chair du malade parut saine et nette comme celle d'un enfant.

Le procès de la canonisation du saint fait mention de quatre morts à qui Dieu rendit la vie en ce temps-là par le ministère de son serviteur. Mais ses miracles ne firent qu'aveugler l'esprit et endurcir le cœur des brahmanes. Xavier, n'espérant plus rien de leur conversion, se crut obligé de publier toutes leurs méchancetés pour les discréditer; et il s'y prit si habilement, que ces hommes, qui étaient en vénération parmi le peuple, furent méprisés de tout le monde.

Il y avait déjà plus d'un an que Xavier travaillait à la conversion des Paravas, et cependant ses deux compagnons, Paul de Camerin et François Mansilla, ne l'étaient point encore venus joindre, quoiqu'ils fussent arrivés à Goa depuis quelques mois. Le nombre des chrétiens croissant tous les jours, et un prêtre seul n'étant pas capable de maintenir dans la foi et d'avancer dans la piété tant de néophytes, le saint crut devoir aller chercher du secours; d'ailleurs, comme il avait choisi quelques jeunes gens propres à étudier les sciences humaines et divines, il jugea qu'il devait les mener lui-même au séminaire et que son voyage ne pouvait se faire trop tôt.

Il se remit donc en mer vers la fin de l'année 1543, et se rendit à Goa. Cette ville possédait un séminaire appelé Sainte-Foi, où l'on élevait dans la piété et dans les lettres un grand nombre d'enfants de divers royaumes et de neuf à dix langues différentes. Lorsque Xavier était venu à Goa pour la première fois, on lui avait offert la direction de ce séminaire, mais le saint apôtre, se sentant appelé à quelque chose de plus grand, et méditant déjà la conversion de tout un monde idolâtre, n'avait pas voulu se renfermer dans une ville, et, après avoir nommé un de ses compagnons pour l'emploi qu'on lui présentait, il était allé évangéliser la côte de la Pêcherie.

Sur ces entrefaites, Paul de Camerin et François Mansilla étaient arrivés du Mozambique. On les avait retenus tous deux, avec la permission du vice-roi, et c'est pour cela qu'ils n'étaient point allés trouver le père Xavier chez les Paravas.

Xavier donna le soin des séminaristes au père Paul de Camerin. Le séminaire prit alors le nom de collège Saint-Paul, à cause du titre de l'église, qui était dédiée à la conversion de l'apôtre des gentils; de là vint aussi que les jésuites furent nommés en ces pays-là les pères de Saint-Paul, ou les pères Paulistes.

Xavier demeura peu de temps à Goa, et retourna chez les

Paravas avec ce qu'il put trouver d'ouvriers évangéliques. Outre Mansilla, qui n'avait pas encore reçu la prêtrise, il mena à la côte de la Pêcherie deux prêtres indiens de nation, et un qui était de Biscaye, appelé Jean d'Ortiaga. Il parcourut avec eux tous les villages, et leur enseigna la manière d'attirer les idolâtres à la foi et d'y affermir les chrétiens. Leur ayant assigné ensuite à chacun un quartier de la côte pour le cultiver, il entra plus avant dans les terres, et, sans autre guide que l'esprit de Dieu, il pénétra jusqu'à un royaume dont le langage lui était entièrement inconnu.

« Vous pouvez juger, écrit-il lui-même à Mansilla, quelle « vie je mène ici, par ce que je vais vous dire. Je n'entends « point la langue de ces peuples, ils n'entendent point la « mienne, et je n'ai point de truchement : tout ce que je « puis faire est de baptiser les enfants et de servir les ma- « lades, qu'on entend très bien sans le secours d'aucun in- « terprète, pour peu qu'on voie ce qu'ils souffrent. »

Xavier laissa les Paravas sous la conduite des missionnaires qu'il leur avait donnés, et tourna ses pensées ailleurs. Reprenant le chemin des côtes de l'occident, que les Portugais gardaient, il alla par terre, et toujours à pied, selon sa coutume, vers la côte de Travancor, qui, depuis la pointe Comorin, s'étend environ trente lieues le long de la mer, et est rempli de villages. Dès qu'il y fut arrivé, ayant obtenu du roi de Travancor, par l'entremise des Portugais, la permission de publier la loi du vrai Dieu. il suivit la même méthode qu'à la Pêcherie, et cette pratique réussit si bien, que toute la côte devint chrétienne en fort peu de temps : il écrivit lui-même qu'en un mois il baptisa de sa main dix mille idolâtres et que souvent il baptisait en un jour un village très peuplé.

Ce fut alors que Dieu communiqua la première fois à Xavier le don des langues, au rapport d'un jeune Portugais de Coïmbre nommé Vaz, qui le suivit en plusieurs de ses voyages, et qui raconta les choses dont il avait été lui-même témoin. Le saint homme parlait très bien le langage de ces barbares, sans l'avoir appris, et pour les instruire il n'eut pas besoin de truchement. Comme il n'y avait point d'église capable de contenir les gens qui venaient l'entendre, il les menait dans une vaste campagne, au nombre de cinq à six mille, et là, montant sur un arbre pour être entendu de tout le monde, il leur prêchait les vérités éternelles, et célébrait quelquefois les divins mystères sous des voiles de navire qu'on tendait au-dessus de l'autel.

Les brahmanes ne purent souffrir que le culte des pagodes fût abandonné de la sorte, et ils voulurent s'en venger sur celui qui était l'auteur d'un si étrange changement. Pour exécuter leur dessein, ils engagèrent secrètement quelques idolâtres à lui tendre des embûches et à s'en défaire sans bruit. Les meurtriers l'attendirent plus d'une fois dans les ténèbres, et tâchèrent de le tuer à coups de flèches. Mais la Providence ne permit pas que leurs flèches portassent, et il n'y en eut qu'une qui le blessa légèrement. Désespérés de l'avoir manqué, ils le cherchèrent partout, et, ne le rencontrant pas, ils mirent le feu à trois ou quatre maisons où ils crurent qu'il pourrait être. L'homme de Dieu fut contraint un jour de se cacher dans le fond d'une forêt, et il passa toute la nuit sur un arbre, pour se dérober à la fureur de ses ennemis. Il fallait souvent que les fidèles le gardassent jour et nuit, et ils se mettaient pour cela en armes tour à tour devant la maison où il était retiré.

Cependant les Badages, qui voyaient de jour en jour périr leur empire, excités par le désir de la gloire et surtout par l'espérance du butin, entrèrent dans le royaume de Travancor. Les habitants des villages maritimes prirent l'épouvante, et, se retirant avec précipitation dans les terres, portèrent jusqu'à la cour la nouvelle de l'irruption des Badages. Le roi de Travancor rassembla aussitôt des troupes, et alla au-devant des ennemis. La bataille devait être apparemment très sanglante, et la victoire semblait assurée à ces voleurs vagabonds, qui étaient bien plus forts en nombre et plus aguerris.

Le père Xavier n'eut pas plus tôt su que les Badages paraissaient, que, se prosternant à terre, il supplia le Seigneur de se montrer le protecteur de ces nouveaux chrétiens, si faibles encore dans la foi. Sa prière finie, il se lève ; et, rempli d'un courage extraordinaire, ou plutôt d'une force divine, il prend une troupe de chrétiens fervents, et, le crucifix à la main, court avec eux vers la plaine où les ennemis étaient déjà rangés en bataille. Dès qu'il est assez proche pour se faire entendre, il s'arrête, et leur dit d'une voix menaçante : « Je vous défends, au nom du Dieu vivant, de passer outre, et je vous commande de sa part de retourner sur vos pas. »

Ce peu de paroles jeta la terreur parmi les soldats qui étaient à la tête de l'armée; ils demeurèrent interdits et comme immobiles. Ceux qui venaient après, voyant qu'on n'avançait point, en demandèrent la raison. Les premiers répondirent qu'ils avaient devant eux un homme inconnu, habillé de noir, d'une taille plus qu'humaine, d'un aspect terrible, et dont les yeux lançaient des éclairs. Les plus hardis voulurent s'assurer par eux-mêmes de ce qu'on disait; ils furent saisis de frayeur, et tous prirent la fuite en désordre. Le roi fit appeler Xavier, l'embrassa comme le libérateur de Travancor, et, après l'avoir remercié devant tout le monde d'un si grand service, il lui dit : « Je me nomme le grand roi, et désormais vous vous nommerez le grand père. »

Le saint déclara au roi que c'était à Jésus-Christ, le Dieu des chrétiens, qu'on devait rendre des actions de grâces, et que pour lui on ne devait le regarder que comme un faible instrument qui ne pouvait rien de lui-même. Le prince infidèle ne comprit pas ce langage : ses passions le retenaient dans l'erreur. Il ne laissa pas de faire publier par tout le royaume qu'on eût à obéir au grand père comme à sa propre personne, et que quiconque voudrait être chrétien le fût sans rien craindre.

Un édit si favorable à la loi du Ciel fit, malgré l'exemple du prince, une infinité de chrétiens, même dans sa cour; mais ce furent surtout les actions miraculeuses de Xavier qui achevèrent de convertir ce royaume. Outre qu'il guérit toutes sortes de maladies, il ressuscita quatre morts, deux femmes et deux hommes. Ces résurrections firent tant de bruit dans le pays, et tant d'impression sur l'esprit des peuples, qu'on venait de toutes parts pour voir le grand père et recevoir le baptême. Le royaume de Travancor fut soumis à Jésus-Christ en peu de mois; le roi seul demeura idolâtre avec les principaux de sa cour, par un terrible jugement de Dieu, qui abandonne quelquefois les princes à leurs passions déréglées, et qui s'éloigne des grands, tandis qu'il se communique aux petits.

LIVRE TROISIÈME

La réputation de Xavier ne demeura pas renfermée dans le royaume de Travancor ; elle se répandit par toutes les Indes, et le Dieu des chrétiens y devint si vénérable en même temps, que les peuples les plus idolâtres envoyaient prier le saint homme de les venir baptiser. Il avait véritablement une extrême joie de voir les gentils rechercher d'eux-mêmes le chemin du ciel ; mais il était affligé de ne pouvoir le montrer tout seul à tant de nations égarées.

Voyant la moisson si abondante et les ouvriers en si petit nombre, il écrivit en termes pressants au père Ignace en Italie, et au père Simon Rodriguez en Portugal, pour avoir des missionnaires.

Parmi les peuples idolâtres qui soupiraient après le baptême et qui désiraient d'être instruits, les Manarois furent les premiers qui députèrent vers le saint.

L'île de Manar est située vers la pointe la plus septentrionale de Ceylan. Elle a un port très commode, et il s'y fait un grand trafic ; mais le sol est si sablonneux et si sec, qu'il n'y vient rien, sauf en certains endroits que l'on cultive avec beaucoup de soins et de peines. L'air y est très tempéré et très pur : les pluies qui chaque mois tombent du ciel régulièrement, jointes aux sources et aux rivières qui coulent partout, rafraîchissent encore plus la terre que les ardeurs du soleil ne l'échauffent.

Le père Xavier était occupé à établir la chrétienté de Travancor lorsqu'il reçut l'ambassade de Manar. Comme il ne pouvait pas abandonner une Église naissante sans en craindre raisonnablement la ruine, il envoya à Manar un des prêtres qu'il avait laissés à la côte de la Pêcherie. Dieu donna tant de bénédictions aux travaux de ce missionnaire, que les Manarois non seulement se firent chrétiens, mais moururent généreusement pour la foi ; et voici l'occasion de leur martyre.

L'île de Manar était alors sous la domination du roi de Jafnapatan : c'est ainsi qu'on nomme la partie septentrionale de Ceylan. Ce prince avait usurpé la couronne sur son frère aîné, et traitait tous ses sujets en esclaves. Il était surtout l'ennemi implacable de la foi chrétienne, bien qu'il feignît d'être l'ami des Portugais, dont la puissance seule pouvait mettre des bornes à sa tyrannie. Dès qu'il eut appris que les Manarois se faisaient chrétiens, il entra dans une fureur dont les tyrans seuls sont capables ; car il ordonna aussitôt que l'on fît passer des troupes dans l'île de Manar, et qu'on y tuât tout ce qui ne serait point idolâtre. L'ordre fut exécuté ponctuellement, et les hommes, les femmes, les enfants qui avaient embrassé le christianisme périrent tous par l'épée.

Ce massacre, bien loin d'abolir la foi chrétienne, ne servit qu'à la rendre plus florissante ; le tyran eut même la honte de voir ses officiers et ses domestiques quitter malgré lui leur ancienne religion. Mais ce qui l'irrita davantage fut le changement de son fils aîné. Ce jeune prince, touché de Dieu, se fit instruire par un marchand portugais qui avait commerce à la cour. Cela ne put se faire néanmoins si secrètement, que le roi n'en eût connaissance. A la première nouvelle, il fit égorger son fils et jeter le corps dans les champs pour servir de pâture aux bêtes.

Mais Dieu ne souffrit pas qu'une mort si précieuse devant lui fût sans honneur et sans fruit devant les hommes. Le marchand portugais enterra de nuit son disciple, et le lendemain matin il parut une très belle croix marquée sur la terre qui couvrait le corps du martyr. Ce spectacle surprit fort les infidèles ; ils firent ce qu'ils purent pour effacer la croix en marchant dessus et en y jetant de la terre ; elle reparut le jour suivant dans la même forme, et ils tâchèrent de l'effacer de nouveau ; mais alors elle parut en l'air toute lumineuse et lançant des rayons de tous côtés. Les barbares qui la virent furent effrayés, et en même temps si touchés intérieurement, qu'ils se déclarèrent chrétiens. La sœur du roi, princesse naturellement vertueuse, ayant embrassé la foi en secret, instruisit elle-même son fils et son neveu, frère du martyr ; mais en les mettant dans la voie du ciel, elle eut soin de les dérober à la cruauté du tyran. Elle s'adressa pour ce sujet au Portugais dont nous avons parlé, et, lui confiant les deux princes, le chargea de les mener au séminaire de Goa.

Cependant Xavier continuait le cours de ses prédications et pensait à se rendre à l'île des Célèbes ; mais auparavant il voulut implorer les lumières du Ciel sur le tombeau de saint Thomas, l'ancien fondateur et le premier père de la chrétienté des Indes, qu'il avait pris pour son patron et pour son guide dans toutes ses courses. Il résolut donc d'aller en pèlerinage à Méliapor.

Cette ville est celle qu'on appelle aujourd'hui communément San-Thomé, parce que l'apôtre saint Thomas y a fait un long séjour et y a souffert le martyre.

Dès que Xavier y fut arrivé, le vicaire de Méliapor, qui avait entendu parler de lui comme d'un successeur des apôtres et d'un homme envoyé de Dieu pour la conversion des Indes, lui offrit l'hospitalité. Le père l'accepta, parce que la maison joignait l'église où reposaient les reliques de saint Thomas, et qu'il pouvait aisément s'y rendre la nuit, pour consulter Dieu à son aise sur le voyage à Célèbes.

Quoique le saint ne fût venu à Méliapor que pour s'instruire des ordres du Ciel dans la solitude, il ne laissa pas de vaquer un peu au salut des âmes. Sa sainte vie faisait valoir ses discours, et sa vue seule avait la force de toucher les cœurs. Le peuple se mit même dans l'esprit que quiconque ne suivait pas les conseils du père François mourait ennemi de Dieu, et l'on racontait la fin malheureuse de quelques pécheurs qui, étant pressés par Xavier de faire une prompte pénitence, avaient différé de se convertir. Cette opinion populaire contribua beaucoup au changement de la ville, et souvent la crainte d'une mort funeste rompait tout à coup les commerces criminels de plusieurs années.

Enfin le père fit dans Méliapor tout ce qu'il voulut, et des témoins irréprochables ont déposé qu'il laissa la ville si différente de ce qu'elle était quand il vint, qu'on ne la reconnaissait plus.

Après y avoir demeuré quatre mois, Xavier en partit au mois de septembre de l'an 1545, malgré les larmes du peuple, qui voulait le retenir, et il prit la route de Malacca, dans le dessein de passer de là à Célèbes.

Tandis que le vaisseau qui portait Xavier traversait le golfe de Ceylan, il se présenta une occasion d'exercer la charité que le saint ne laissa pas échapper. Les matelots et les soldats passaient le temps, selon leur coutume, à jouer aux cartes. Deux soldats s'attachèrent au jeu plus par avarice que par divertissement, et l'un d'eux joua toujours d'un si grand malheur, qu'il perdit non seulement tout son argent, mais encore celui qu'on lui avait mis entre les mains pour le faire profiter. N'ayant plus rien à perdre, il se retira en maudissant sa mauvaise fortune et blasphémant le nom de Dieu. Son désespoir le porta si loin, qu'il se serait jeté dans la mer ou percé de son épée, si on ne l'en eût empêché. Xavier apprit les emportements de ce malheureux, et vint aussitôt à son secours. Il l'embrassa avec tendresse et fit ce qu'il put pour le consoler; mais le soldat, que la fureur transportait encore, repoussa le père et lui dit même des injures. Xavier, s'étant un peu recueilli pour consulter Dieu, emprunta cinquante réaux à un des passagers et les porta au soldat. Celui-ci reprit cœur alors, et joua si heureusement qu'il gagna beaucoup plus qu'il n'avait perdu. Le saint, qui était présent, prit sur le gain du jeu ce qu'on lui avait prêté, et voyant le joueur redevenu calme, le tourna si bien, que celui qui n'avait pas voulu l'écouter auparavant, persuadé par ses discours, ne mania plus jamais les cartes et devint un homme exemplaire.

Ils abordèrent à Malacca le 25 septembre. Comme c'est une des villes de l'Inde où le saint a eu le plus d'affaires et a fait le plus de voyages, il ne sera pas inutile d'en dire ici quelque chose. Elle est située au delà du golfe du Bengale, vers la tête de cette péninsule qui de l'embouchure de l'Ava s'étend au midi, près de la ligne équinoxiale, et elle est à deux degrés et demi d'élévation vis-à-vis de l'île de Sumatra, que les anciens, qui n'avaient pas pratiqué ce canal, ont crue jointe à la terre ferme.

Malacca fut sous la domination des rois de Siam jusqu'au moment où les Sarrasins, qui y trafiquaient, devenus puissants, la firent d'abord mahométane, puis la soulevèrent contre son prince légitime, et y établirent enfin un monarque de leur secte, nommé Mahomet. Il n'y avait point alors de ville plus célèbre pour le débit des marchandises, et où il y eût un plus grand concours de nations différentes; aussi avait-on étendu la ville le long de la mer, pour la commodité du négoce.

De toutes les nations de l'Asie, il n'y en a point dont la

complexion soit plus portée au plaisir ; et il semble que cela vienne de la température de l'air ; car dans ce pays le printemps est éternel, nonobstant le voisinage de la ligne. Les habitants suivent fort leurs inclinations naturelles, et ce n'est chez eux que parfums, musique et festins, pour ne rien dire des voluptés, où ils ne gardent aucune mesure. Il n'y a pas jusqu'à la langue qu'ils parlent qui ne se sente de la mollesse du pays. On la nomme malaya, et c'est de toutes les langues de l'Orient la plus délicate et la plus douce.

Xavier n'eut pas plus tôt mis pied à terre, qu'il alla voir le gouverneur de la ville, pour lui exposer son dessein sur Célèbes. Le gouverneur dit au père qu'il avait envoyé depuis peu à cette île un prêtre de très sainte vie, avec des soldats portugais, et qu'il en attendait des nouvelles tous les jours ; cependant il lui conseilla de demeurer à Malacca jusqu'à ce qu'on sût l'état véritable des chrétiens de Célèbes. Xavier crut le gouverneur et se retira à l'hôpital, qu'il choisit pour le lieu de sa demeure. Le peuple y courut en foule pour voir l'homme apostolique dont la réputation était si grande dans tout l'Orient. Les pères et les mères le montraient à leurs enfants, et l'on remarqua que le serviteur de Dieu, en caressant les petits Portugais, les appelait chacun par son nom, comme s'il les eût connus et qu'il n'eût pas été un étranger arrivé tout nouvellement.

Au reste, il trouva dans cette ville une horrible corruption de mœurs. Les Portugais, éloignés de l'évêque et du vice-roi des Indes, vivaient avec une licence effrénée, sans nulle crainte des lois ecclésiastiques ni civiles : l'avarice, l'intempérance, l'impudicité, l'oubli de Dieu, régnaient partout, et l'habit seul, ou plutôt l'excès des vices, distinguait les fidèles des infidèles.

Un état si malheureux fit comprendre au père Xavier que son séjour dans Malacca ne serait peut-être pas inutile ; mais avant d'entreprendre la réformation d'une ville si corrompue, il s'employa quelques jours uniquement au service des malades, passa plusieurs nuits en oraison et fit des austérités extraordinaires.

Après ces préparatifs, il commença des instructions publiques, de la manière qu'il avait fait la première fois dans Goa. Allant le soir par les rues, la clochette en main, il disait à haute voix : « Priez Dieu pour ceux qui sont en état de péché mortel. » Par là il remettait insensiblement dans l'esprit des pécheurs les désordres de leur vie ; car, voyant les mauvaises dispositions de leur cœur, et combien il est aisé d'aigrir le mal si l'on y applique de violents remèdes, il tempéra plus que jamais l'ardeur de son zèle. Bien qu'il eût naturellement le visage serein et la conversation agréable, sa gaieté et tous les charmes de son humeur semblèrent redoubler à Malacca.

L'apôtre gagna par là tous les cœurs, et devint en quelque façon maître de la ville. Mais en quoi il réussit davantage, ce fut à rétablir l'usage de la confession, qui était presque entièrement aboli. Les hommes et les femmes vinrent en foule au tribunal de la pénitence, et le père n'y pouvait suffire.

Il ne laissa pas d'étudier la langue malaise, qui a cours dans toutes les îles au delà de Malacca, et qui en est comme la langue universelle. Son premier soin fut de traduire en malais le petit catéchisme qu'il avait composé à la côte de la Pêcherie, et une instruction plus simple qui traitait des principaux devoirs du chrétien. Il apprit cela par cœur, et, pour se faire mieux entendre, il fit une étude particulière de la prononciation.

Avec ce secours et celui des interprètes, qui ne lui manquaient pas au besoin, il convertit beaucoup d'idolâtres, de mahométans et de juifs ; entre autres un fameux rabbin, qui abjura publiquement le judaïsme. Ce rabbin, qui avait pris au commencement pour des fables ou pour des prestiges ce qu'on disait de Xavier, reconnut la vérité par ses propres yeux, car jamais le saint ne fit tant de miracles qu'à Malacca. Les dépositions juridiques des témoins de ce temps-là portent que tous les malades qu'il touchait guérissaient, et que ses mains semblaient avoir une vertu salutaire contre toutes sortes de maux.

Pendant que les choses se passaient ainsi à Malacca, un navire de Goa y apporta au père Xavier des lettres d'Italie et de Portugal qui lui apprirent que don Juan de Castro, successeur de don Alphonse de Sosa dans le gouvernement des Indes, avait amené de Portugal à Goa trois missionnaires que le père Ignace envoyait à son secours. Xavier disposa d'eux aussitôt, en ordonnant par lettres que l'un demeurerait dans le séminaire de Sainte-Foi pour y enseigner les principes de la langue latine à la jeunesse indienne, et que les deux autres iraient rejoindre François à la côte de la Pêcherie.

Pour lui, ayant attendu plus de trois mois des nouvelles de Célèbes, comme il vit que la saison propice au retour du navire que le gouverneur de Malacca avait envoyé était tout à fait passée, et qu'aucun vaisseau ne tournait de ce côté-là, il jugea que la Providence ne voulait pas se servir de lui présentement pour l'instruction de ces peuples, qui avaient un prêtre chez eux. Néanmoins, afin d'être plus prêt à les secourir dès que le Ciel en ferait naître l'occasion, il eut la pensée d'aller à d'autres îles voisines, qui étaient absolument dépourvues de ministres évangéliques.

Il s'embarqua pour Amboine le premier jour de janvier de l'année 1546, sur un navire qui faisait voile pour les îles Banda. Le capitaine du vaisseau était Portugais, les matelots et les soldats étaient Indiens, tous presque de différentes contrées, et la plupart mahométans ou gentils. Le saint les gagna à Jésus-Christ pendant le voyage, et ce qui convainquit les infidèles de la vérité du christianisme, c'est que, quand le père Xavier leur expliquait les mystères de la foi en une langue, chacun d'eux l'entendait en la sienne, comme s'il en eût parlé plusieurs à la fois.

Il y avait déjà un mois et demi qu'ils étaient sur mer sans qu'ils découvrissent Amboine. Le pilote crut qu'ils l'avaient passé, et fut là-dessus fort en peine, ne sachant comment revenir, parce qu'ils avaient le vent droit en poupe. Xavier, voyant l'inquiétude du pilote : « Ne vous embarrassez point, lui dit-il, nous sommes encore dans le golfe, et demain nous verrons Amboine au point du jour. » En effet, le lendemain matin, ils se trouvèrent en vue de l'île ; ils y abordèrent le 16 février.

Il y avait dans toute l'île sept villages de chrétiens, naturels du pays, mais sans aucun prêtre, parce que le seul qui y était venait de mourir. Xavier commença par visiter ces villages ; il baptisa d'abord quantité d'enfants, qui moururent immédiatement après leur baptême, « comme si, dit-il lui-même dans une de ses lettres, la Providence divine ne leur eût prolongé la vie que jusqu'à ce qu'on leur eût ouvert la porte du ciel. »

Ayant su que plusieurs familles s'étaient retirées du rivage de la mer dans le fond des bois et dans les cavernes des montagnes, pour se mettre à couvert de la fureur des barbares, leurs voisins et leurs ennemis, qui pillaient les côtés et massacraient ou faisaient esclave tout ce qui tombait entre leurs mains, il alla chercher ces pauvres sauvages parmi l'horreur de leurs rochers et de leurs forêts, et il vécut avec eux autant qu'il fallut pour leur faire bien connaître les devoirs du christianisme, que la plupart ignoraient.

Après avoir instruit les fidèles, il se mit à prêcher la foi aux idolâtres et aux Maures ; et Dieu donna tant de bénédictions à la parole de son serviteur, que la plus grande partie de l'île se fit chrétienne. Il bâtit des églises en chaque village, et choisit les plus raisonnables, les plus habiles et les plus fervents, pour être les maîtres des autres, jusqu'à ce qu'il vînt là des pères de la compagnie.

Pendant que Xavier travaillait de la sorte à Amboine, deux armées navales arrivèrent : l'une de Portugais, avec trois navires ; l'autre d'Espagnols, avec six vaisseaux de guerre. Les Espagnols étaient venus du Mexique pour conquérir les Moluques au nom de l'empereur Charles-Quint, à ce qu'ils disaient ; mais leur entreprise ne réussit pas. Ils s'étaient engagés dans une expédition injuste contre les droits du Portugal et sous l'ordre de Charles-Quint ; car ce prince, à qui le roi Jean III fit des plaintes là-dessus, désavoua ses sujets, et permit qu'on les traitât comme des corsaires.

Les Portugais n'en usèrent pas toutefois ainsi ; mais il semble que Dieu les vengea en affligeant les Espagnols d'une fièvre contagieuse, qui ruina la plus grande partie de la flotte. C'était un triste spectacle de voir les soldats et les matelots couchés çà et là dans leurs navires ou sur le rivage, sous des cabanes couvertes de feuilles. Le mal qui les consumait éloignait tout le monde d'eux, et plus ils avaient besoin de secours, moins ils en recevaient du peuple de l'île.

A la première nouvelle qu'eut Xavier de leur maladie, il quitta tout pour les secourir, et l'on ne saurait imaginer ce que la charité lui fit faire en cette rencontre. Il était le jour comme la nuit dans un mouvement continuel, soulageant tout à la fois les corps et les âmes, assistant les moribonds, ensevelissant les morts et les enterrant lui-même. Comme les malades n'avaient ni aliments ni remèdes, il leur en procurait de tous côtés ; celui qui lui en fournit davantage fut un Portugais nommé Jean d'Araus, avec lequel il était venu de Malacca à Amboine.

Néanmoins, comme le mal croissait tous les jours de

plus en plus, Araus eut peur de s'appauvrir par ses charités ; et de tendre qu'il était envers les pauvres, il devint si dur pour eux, qu'on ne pouvait plus rien tirer de lui.

Un jour le père Xavier lui envoya demander du vin pour un malade qui avait des faiblesses continuelles ; Araus en donna avec répugnance, et dit qu'on ne vînt plus lui en demander, qu'il avait besoin du reste pour lui. Ces paroles ne furent pas plus tôt rapportées au père François, qu'enflammé d'une sainte indignation : « A quoi pense Araus, dit-il, de garder son vin pour lui, et de le refuser aux membres de Jésus-Christ ! La fin de sa vie est proche, et après sa mort tout son bien sera distribué aux pauvres. » Il lui annonça sa mort à lui-même, et l'événement vérifia la prédiction, comme nous le verrons dans la suite.

Quoique la peste n'eût pas tout à fait cessé, et qu'il y eût encore des malades sur les vaisseaux, la flotte espagnole fit voile pour Goa, pressée par l'hiver qui approchait, et qui commence au mois de mai en ces pays-là.

Après que les Espagnols furent partis, Xavier fit de petites courses aux environs d'Amboine, et visita quelques îles à demi désertes, en attendant le passage d'un navire qui le portât aux Moluques, plus proches de Célèbes qu'Amboine. Une de ces îles est Baranura ; ils y demeurèrent huit jours, puis ils firent voile vers Rosalao, où Xavier prêcha d'abord comme il avait fait à Baranura. Mais les idolâtres qui habitaient ces deux îles, extrêmement vicieux, tout à fait brutaux, et n'ayant guère de l'homme que la figure, n'ajoutèrent point foi à ses paroles ; un seul d'entre eux, plus raisonnable que les autres, crut en Jésus-Christ ; si bien que le saint apôtre, au retour de Rosalao, ôta ses souliers de ses pieds, et les secoua pour ne pas remporter avec lui la poussière d'une terre si maudite.

A la vérité, cette seule conversion en valut plusieurs. Le saint donna, au baptême, son nom de François à l'idolâtre converti, et lui prédit qu'il mourrait très saintement en invoquant le nom de Jésus. On remarqua la prophétie, qui rendit fameux ce nouveau fidèle, et qui s'accomplit quarante ans après ; car ce chrétien, ayant quitté son île barbare et s'étant fait soldat, servit les Portugais en diverses occasions, jusqu'au moment où, en 1588, il fut blessé à mort dans un combat, au service de don Sanche Vasconcellos, gouverneur d'Amboine, qui était en guerre avec le Sarrasin

Hiamao. On porta François dans le camp, et plusieurs, tant Indiens que Portugais, y coururent pour voir comment s'accomplirait la prédiction du bienheureux père Xavier. Ils virent tous le soldat mourir avec des sentiments extraordinaires de piété, et disant sans cesse : « Jésus, assistez-moi. »

L'île d'Ulate, qui est plus peuplée et moins sauvage que celles de Baranura et de Rosalao, ne fut pas si rebelle à la voix du saint ; il la trouva toute en armes, et le roi assiégé dans sa ville, prêt à se rendre, non par manque de courage ni de gens, mais faute d'eau, parce que les ennemis avaient coupé les fontaines et qu'il n'y avait nulle apparence de pluie ; de sorte que, pendant les grandes chaleurs qu'il faisait, les hommes et les chevaux ne pouvaient plus vivre.

L'occasion parut belle au père Xavier pour gagner à Jésus-Christ les vaincus et peut-être les vainqueurs. Plein d'une généreuse confiance en Dieu, il trouve le moyen d'entrer dans la ville ; et, s'étant fait présenter au roi, il s'offre à lui fournir le secours qui lui manque. « Permettez-moi, dit-il, de dresser ici une croix, et confiez-vous au Dieu que je suis venu vous annoncer ; c'est le Seigneur et le maître de la nature, qui, quand il lui plaît, ouvre les sources du ciel et en arrose la terre. Mais, au cas qu'il pleuve, ajouta Xavier, promettez-moi que vous reconnaîtrez sa puissance, et que vous et vos sujets embrasserez sa loi. »

Dans l'extrémité où le roi était réduit, il consentit sans peine à ce que le père voulut, et s'obligea même, sur la foi publique, à tenir exactement sa parole, si ce qu'on lui faisait espérer se réalisait. Alors Xavier, ayant fait une grande croix, la planta au lieu le plus élevé de la ville, et là, à genoux, parmi une foule de soldats, d'enfants et de femmes, que la nouveauté du spectacle attira autant que l'attente du succès, il représenta à Dieu la mort de son Fils, et le conjura, par les mérites de ce Sauveur crucifié, de ne pas refuser un peu d'eau pour le salut d'un peuple idolâtre.

A peine le saint eut-il commencé sa prière, que le ciel se couvrit, et dès qu'elle fut achevée, il tomba une pluie abondante qui dura jusqu'à ce qu'on eût fait des provisions d'eau. Les ennemis, n'espérant plus prendre la ville, levèrent aussitôt le siège, et le roi, avec tout le peuple, reçut le baptême de la main du père Xavier ; il voulut même que d'autres îles qui relevaient de sa couronne adorassent Jésus-Christ, et il engagea le saint à y aller publier la foi.

3

Xavier employa plus de trois mois dans tous ces petits voyages ; après quoi, étant revenu à Amboine, il s'embarqua sur un navire portugais qui faisait voile pour les Moluques.

Ce qu'on appelle les Moluques est une contrée dans l'océan Oriental, divisée en plusieurs îles assez petites, situées près de l'équateur, très fertiles en clous de girofle et fort renommées pour le trafic des épiceries. On en compte cinq principales : Ternate, Tidor, Motir, Macian et Bacian.

Ternate est la plus grande des Moluques, et c'est de ce côté que le père Xavier prit sa route. Il avait à passer un golfe de quatre-vingt-dix lieues, très périlleux. Le navire qui portait le père était un de ces vaisseaux qu'on appelle dans le pays *caracores*, longs et étroits comme des galères, et qui se conduisent à voiles et à rames. Un autre navire tout semblable, où était un Portugais nommé Jean Galvan avec tout son bien, partit en même temps d'Amboine, et tous deux allaient de compagnie à Ternate.

Au milieu du golfe, une bourrasque les surprit et les écarta si loin l'un de l'autre, qu'ils se perdirent de vue. La caraçore de Xavier, après avoir été plusieurs fois sur le point d'être submergée, se sauva enfin, et gagna le port de Ternate par une espèce de miracle. Pour celle de Galvan on ne savait ce qu'elle était devenue, et l'on n'en apprit des nouvelles que par une révélation évidente. Le premier jour de fête que le père prêcha au peuple, il s'arrêta tout court au milieu de son discours, et il dit ensuite : « Recommandez à Dieu l'âme de Jean Galvan, qui a péri dans le golfe. » Quelques-uns de ses auditeurs, amis de Galvan, et intéressés dans la caraçore, coururent aux matelots qui avaient amené le père et leur demandèrent ce qu'ils savaient de certain d'une si funeste nouvelle. Ils répondirent qu'ils ne savaient rien, sinon que la tourmente avait séparé les deux caracores. Les Portugais reprirent courage à ces paroles, et s'imaginèrent que le père François n'avait point d'autre connaissance que les matelots ; mais ils se détrompèrent bientôt par leurs propres yeux, car trois jours après ils virent sur le rivage le corps de Galvan et les débris du navire que la mer y avait jetés.

Presque en même temps, lorsque le père disait la messe, se tournant vers le peuple pour dire *Orate fratres*, il ajouta : « Priez aussi pour Jean d'Araus, qui vient de mourir à Amboine. » Ceux qui étaient présents marquèrent le jour et l'heure, pour voir si ce que le père disait se trouverait véritable. Dix à douze jours après, il arriva un navire d'Amboine, et on sut la vérité, non seulement par diverses lettres, mais encore par un Portugais qui avait vu mourir Araus au même moment que Xavier invita le peuple à prier Dieu pour le repos de son âme. Cet Araus était le marchand qui avait refusé de son vin aux malades de la flotte espagnole, et à qui le saint homme avait annoncé une mort prochaine. Il tomba malade dès que Xavier fut parti, et, comme il n'avait ni enfants ni héritiers, tout ce qui lui appartenait fut distribué aux pauvres après son décès, selon la coutume du pays.

Pour savoir combien les travaux du père furent utiles aux Ternatins, il suffit de dire ce qu'il a écrit lui-même, que d'un grand nombre d'hommes débauchés qui étaient à Ternate quand il y arriva, tous, excepté deux, avaient quitté leurs désordres quand il en partit.

Le changement de mœurs qui parut dans les chrétiens ne servit pas peu à la conversion des Sarrasins et des idolâtres. Plusieurs de ces infidèles embrassèrent le christianisme : la plus illustre conversion fut celle d'une fameuse Sarrasine nommée Niachile Pocaraga, fille d'Almansor, roi de Tidor, et femme de Boleïfe, qui était roi de Ternate avant que les Portugais eussent conquis l'île, princesse fort attachée à sa secte, et ennemie mortelle des chrétiens ou plutôt des Portugais. La haine contre eux semblait assez bien fondée ; car, les ayant reçus dans son royaume, et leur ayant permis de s'y établir en un des endroits de l'île pour la facilité de leur commerce, elle en fut si mal traitée, qu'après la mort du roi son époux il ne lui resta que le nom de reine, et les trois princes, ses enfants, perdirent la couronne et la vie. Elle erra durant quelques années d'île en île ; mais la Providence, qui avait ses desseins sur elle, la ramena enfin à Ternate vers le temps que Xavier y vint. Elle y vivait retirée et sans autorité, gardant toujours de sa première condition un air de fierté que les grands conservent quelquefois jusque dans les fers.

Le saint trouva moyen de la voir et de lui parler. Dès les premiers entretiens il lui donna de grandes idées du royaume de Dieu ; tellement que la princesse sarrasine, qui n'avait plus rien à espérer sur la terre, tourna ses pensées et ses désirs vers le ciel. Comme elle était très savante dans la loi de Mahomet, il fallut disputer souvent avec elle ; mais le père lui éclaircit tous ses doutes. Elle se rendit donc aux raisons du saint, ou plutôt à la grâce de Jésus-Christ, et elle fut baptisée publiquement par Xavier, qui lui donna le nom d'Isabelle.

Il ne se contenta pas de la faire chrétienne. Lui voyant des dispositions admirables pour la piété, l'esprit droit, le cœur tendre, toutes les inclinations nobles et bonnes, il la cultiva avec un soin extraordinaire, et l'avança peu à peu dans les voies les plus sublimes et les plus solides de la vie spirituelle ; en sorte que Niachile devint, par ses éminentes vertus, plus estimée et honorée des Indiens et des Portugais que lorsqu'elle était sur le trône avec tout l'éclat et tout le pouvoir de la royauté.

Pendant le séjour que fit Xavier dans Ternate, il entendit parler de certaines îles qui en sont éloignées d'environ soixante lieues vers l'Orient et qui prennent leur nom de la principale, appelée communément l'île du Maure. On lui raconta que les insulaires, quelque barbares qu'ils fussent, étaient baptisés pour la plupart, mais que la foi avait été abolie chez eux presque en même temps qu'elle y avait été introduite ; c'est ce qui le détermina à y aller prêcher l'Evangile, après avoir été trois mois à Ternate. Dès que l'on sut son dessein, on mit tout en œuvre pour le rompre. Ses amis lui dirent d'abord que c'était un pays également affreux et stérile, et si malsain que les étrangers ne pouvaient y vivre ; de plus, que les gens du pays surpassaient en cruauté et en perfidie tous les barbares du monde, que le christianisme n'avait point adouci leurs mœurs, qu'ils s'empoisonnaient les uns les autres, et se nourrissaient de chair humaine, et que, quand un membre de leur famille venait à mourir, ils lui coupaient les pieds et les mains, dont ils se faisaient un mets délicat ; leur inhumanité allait si loin, que, lorsqu'ils voulaient faire un festin superbe, ils priaient un de leurs amis de leur prêter son père, déjà vieux, pour le donner à manger aux conviés, avec promesse de lui rendre la pareille en une semblable occasion.

Les Portugais et les Indiens, qui aimaient Xavier, ajoutaient que si ces sauvages n'épargnaient pas leurs compatriotes et leurs parents, ils épargneraient bien moins encore un étranger et un inconnu ; qu'il fallait les faire hommes avant de les faire chrétiens. Quand même il aurait assez de bonheur pour les apprivoiser et les convertir, cela durerait tout au plus tant qu'il vivrait avec eux.

Ces raisons furent accompagnées de prières et de larmes; mais elles furent inutiles, et Xavier ne changea pas de sentiment.

S'étant ainsi dégagé de tout ce qui pouvait lui faire obstacle, il s'embarqua avec quelques-uns de ses amis. Ils partirent avec un vent favorable, et ils avaient déjà fait cent quatre-vingts milles, lorsque Xavier, jetant tout à coup un profond soupir, s'écria : « Ah ! Jésus ! les pauvres gens qu'on massacre ! » Disant ces paroles et les répétant plusieurs fois, il avait le visage et les yeux tournés vers un certain endroit de la mer. Les matelots et les passagers, effrayés, accoururent aussitôt, et lui demandèrent de quel massacre il parlait, parce que, pour eux, ils ne voyaient rien; mais le saint était ravi en esprit, et dans ce ravissement Dieu lui montrait un triste spectacle.

Il ne fut pas plus tôt revenu à lui, qu'ils continuèrent de l'interroger sur le sujet de ses cris et de ses soupirs ; mais, tout honteux des paroles qui lui étaient échappées durant son extase, il ne voulut plus rien dire, et alla se cacher pour se mettre en prière. Ils ne furent pas longtemps sans voir de leurs propres yeux ce qu'ils n'avaient pu tirer de sa bouche. Ayant mouillé à une île, ils trouvèrent sur le rivage le corps de huit Portugais, encore tout sanglants, et ils comprirent que c'étaient ces malheureux qui avaient attiré la compassion du saint homme. Ils les enterrèrent au même lieu et dressèrent une croix sur leur sépulture ; ensuite ils poursuivirent leur voyage et gagnèrent en peu de temps l'île du Maure.

Dès qu'ils eurent mis pied à terre, Xavier alla droit au premier village. La plupart des habitants étaient baptisés : mais il ne leur restait qu'une idée confuse de leur baptême, et leur religion n'était qu'un mélange de mahométisme et d'idolâtrie.

Tout farouches, tout féroces qu'étaient ces insulaires, ils ne furent pas à l'épreuve des manières aimables de Xavier. Il commença par chanter tout haut la doctrine chrétienne ; il la leur expliquait après, et d'une façon si proportionnée à leur barbarie, qu'ils concevaient tout parfaitement.

Par ce moyen il fit revenir à la foi des chrétiens qui l'avaient quittée, et y attira ceux qui ne l'avaient point voulu embrasser lorsqu'elle leur avait été annoncée pour la première fois. Il n'y eut ni ville ni bourg que Xavier ne visitât, et où les infidèles ne plantassent des croix et ne bâtissent des églises. La ville de Tolo, qui était la principale de l'île, et où l'on comptait vingt-cinq mille âmes, fut entièrement convertie avec celle de Momoya.

Ainsi l'île du Maure devint pour le saint apôtre l'île de la divine espérance, comme il voulait qu'elle fût nommée.

Il y eut néanmoins quelques insulaires qui ne se défirent pas tout à fait de leur férocité naturelle. Les plus rebelles à l'esprit de Dieu furent les Javares, gens farouches et inhumains, qui habitaient des cavernes et vivaient dans les forêts. Non contents de ne pas suivre les instructions de Xavier, ils lui dressèrent diverses embûches; un jour qu'il leur expliquait la morale de l'Évangile sur le bord d'une rivière, irrités du zèle avec lequel il condamnait leurs mœurs corrompues, ils se mirent à lui jeter des pierres pour le tuer.

Les barbares étaient d'un côté, et le fleuve de l'autre, large et profond, de sorte qu'il était comme impossible à Xavier de se dérober aux coups de ses ennemis; mais rien n'est impossible à un homme que le Ciel protège. Il y avait sur le rivage une grosse poutre; le saint la poussa sans peine dans l'eau, et, s'étant mis dessus, il fut porté à l'autre bord, où les pierres ne pouvaient l'atteindre.

Au reste, il souffrit, dans un pays si sauvage et stérile, tout ce qu'on peut imaginer de misères : la faim, la soif, la nudité; mais les consolations qu'il reçut d'en haut lui adoucirent toutes ses fatigues, et l'on en peut juger par une lettre qu'il adressa au père Ignace, dans laquelle on remarque ce passage : « Les périls auxquels on s'expose ici, et les travaux qu'on entreprend pour les intérêts de Dieu seul, sont des sources inépuisables de joies spirituelles. Pour moi, je ne me souviens pas d'avoir jamais goûté tant de délices intérieures; et ces consolations de l'âme sont si pures, si exquises et si continuelles, qu'elles ôtent le sentiment des peines du corps. »

Xavier demeura trois mois dans l'île du Maure; après quoi il reprit le chemin des Moluques pour repasser à Goa, non seulement afin d'en tirer des missionnaires qui prissent soin de la nouvelle chrétienté qu'il avait fondée dans toutes ces îles, et qu'il ne pouvait maintenir tout seul, mais aussi afin de pourvoir aux affaires de la compagnie, qui se multipliaient de jour en jour dans le nouveau monde.

Étant arrivé à Ternate, il se logea près d'une chapelle qui était proche du port, et qui se nommait pour cela Notre-Dame-du-Port. Il ne pensait être là que fort peu de jours, et jusqu'à ce que le navire qui devait faire voile vers Malacca fût près de partir. Les chrétiens, d'autant plus heureux de le revoir qu'ils croyaient l'avoir perdu pour jamais, le conjurèrent de séjourner plus longtemps avec eux, puisque le carême approchait, et qu'aussi bien il lui faudrait attendre tout ce temps-là dans l'île d'Amboine la saison convenable pour naviguer du côté de Malacca. Le capitaine de la forteresse de Ternate s'engagea à le faire conduire à Amboine avant que les navires en partissent. Xavier ne put refuser des propositions si raisonnables.

Il passa donc encore près de trois mois à Ternate, entendant les confessions jour et nuit, prêchant les jours de fête selon sa coutume, le matin aux Portugais, et le soir aux insulaires nouvellement convertis, faisant le catéchisme aux enfants tous les jours de la semaine, hors le mercredi et le vendredi, qu'il destina à instruire en particulier les femmes des Portugais. Ces femmes, nées toutes ou païennes ou mahométanes, et qui n'avaient reçu le baptême que pour épouser des chrétiens, n'étaient pas capables de tirer du fruit des sermons communs, faute d'une connaissance suffisante des mystères et des maximes du christianisme; il entreprit donc de leur expliquer les articles de la foi, les commandements de Dieu, et les autres points de la morale chrétienne. Le temps du carême se passa en des exercices continuels de piété et de pénitence, qui servirent de disposition à la communion pascale. Tout le monde s'approcha de la sainte table, et célébra la fête avec un redoublement de ferveur qui tenait quelque chose de l'esprit des premiers siècles de l'Église.

Le père Xavier voulut aussi travailler à convertir le roi de Ternate; mais ses efforts furent inutiles : ce prince barbare et dissolu commença, au contraire, une cruelle persécution contre les chrétiens ses vassaux. Cependant les travaux du saint ne furent pas tout à fait inutiles à la cour de ce roi; il y convertit plusieurs personnes du sang royal, et entre autres deux sœurs du prince, qui préférèrent la qualité de chrétiennes et d'épouses de Jésus-Christ aux couronnes qu'on leur destinait, et qui aimèrent mieux essuyer les mauvais traitements de leur frère que de renoncer à leur foi.

Xavier, voyant que le temps de son départ approchait, composa en langue malaise une instruction assez étendue touchant la croyance et la morale du christianisme. Il donna au peuple de Ternate cette instruction écrite de sa propre main. On en fit diverses copies, qui se répandirent par toutes les îles d'alentour, et même dans tout l'Orient. On la lisait les jours de fête dans les assemblées publiques, et les fidèles l'écoutaient comme sortant de la bouche du saint apôtre.

La caracore qui devait le porter à Amboine étant toute prête, le père François se sépara de ses enfants bien-aimés en Jésus-Christ, et l'on mit aussitôt à la voile. Ayant gagné le port d'Amboine, il trouva quatre navires portugais où il n'y avait que des soldats et des matelots, gens mal instruits des obligations du christianisme, et peu accoutumés à s'en acquitter dans le mouvement continuel où ils sont. Pour les faire profiter du repos qu'ils avaient alors, il dressa au bord de la mer une petite chapelle où il leur parlait tantôt en particulier, tantôt en commun, de leur salut éternel. Les discours du saint gagnèrent à Dieu les plus débauchés.

Ces quatre navires ne furent que vingt jours à Amboine; ils levèrent ensuite l'ancre pour se rendre à Malacca.

LIVRE QUATRIÈME

Pendant que le saint était à Malacca, il arriva une chose qui augmenta fort sa réputation dans toutes les Indes. Pour entendre l'affaire dont il s'agit, il est besoin de la reprendre de plus haut.

Aussitôt que les Portugais eurent conquis Malacca, les rois voisins devinrent jaloux de la puissance portugaise, et

Ils entreprirent plusieurs fois de chasser des Indes une nation étrangère qui venait les braver chez eux. Ils mirent pour cela sur pied de nombreuses armées en diverses occasions ; mais ils furent toujours malheureux, et apprirent par leur expérience que le nombre ne peut rien contre la valeur et la discipline.

Ces disgrâces irritèrent le sultan Alaradin, roi d'Achem, au lieu de l'abattre. Il fit donc des préparatifs de guerre, mais si secrètement que les Portugais n'en eurent aucun soupçon. La flotte ennemie se montait à soixante gros navires, tous bien équipés et bien armés, sans compter les barques, les frégates et les brûlots. Elle était commandée par le Sarrasin Bajaja Soora, grand homme de guerre, et si fameux par ses beaux faits d'armes, que son prince l'avait honoré du titre de roi de Pédir, pour récompense de la prise de Malacca, avant même que la ville fût assiégée.

On n'eut point d'autre nouvelle à Malacca de l'armée des Achemois que celle qu'elle y apporta elle-même. Ils se présentèrent devant la place et entrèrent dans le port le 9 octobre de l'année 1547, sur les deux heures du matin, résolus à donner l'assaut à la faveur des ténèbres. On commença par lâcher l'artillerie et les brûlots contre les navires portugais ; ensuite les plus hardis, descendant à terre, coururent sans nul ordre vers l'endroit de la muraille qu'ils croyaient être le plus faible, comblèrent une partie du fossé, et montèrent impétueusement à l'escalade.

Ils trouvèrent plus de résistance qu'ils ne s'y étaient attendus. Les soldats et les habitants de Malacca accoururent sur le rempart, repoussèrent vigoureusement les assaillants et les renversèrent de leurs échelles : de sorte que pas un n'entra dans la ville et que plusieurs tombèrent morts dans le fossé.

Soora se consola du mauvais succès de l'assaut par l'effet de ses feux d'artifice et de ses canons. Tous les navires qui étaient au port furent brûlés ou mis en désordre, et la pluie qui survint servit moins à éteindre l'embrasement que le vent impétueux qui s'éleva ne contribua à l'allumer.

Les Achemois, tout fiers de cet incendie, parurent le matin sur leurs bords avec des bannières magnifiques, et jetèrent de grands cris comme s'ils eussent été victorieux ; mais leur insulte dura peu, le canon de la forteresse les obligea de se retirer jusqu'à l'île d'Upe. Cependant sept pauvres pêcheurs qui avaient passé la nuit à pêcher, et qui tiraient vers la ville, étaient tombés dans une embuscade des infidèles; ils furent pris et menés au général. Après leur avoir fait couper à tous les oreilles et le nez, il les renvoya avec une lettre adressée à don Francisco de Mellos, gouverneur de Malacca, et qui était conçue en termes insolents.

Quoique la lettre de Soora fût ridicule et fanfaronne, elle ne laissa pas d'embarrasser le gouverneur et les officiers de la forteresse : car comment, sans navire, accepter le défi qu'elle contenait, et comment le refuser avec honneur! On délibérait dans le conseil de guerre sur une affaire si importante et si délicate, lorsque le père Xavier arriva. Il venait de dire la messe à Notre-Dame-du-Mont, selon sa coutume: c'était une église dédiée à la sainte Vierge et bâtie sur une montagne proche de la ville. Don Francisco, qui l'avait envoyé chercher pour le consulter, lui donna la lettre du général des Achemois, et lui demanda son sentiment.

Le saint, qui savait que le roi d'Achem pensait moins à chasser les Portugais de Malacca qu'à détruire le christianisme dans tout l'Orient, ayant lu la lettre, éleva les yeux au ciel, et répondit sans hésiter qu'un tel affront ne devait pas se souffrir; que l'honneur de la religion chrétienne y était encore plus intéressé que celui de la couronne de Portugal. Si l'on dissimulait cette injure, quelle serait l'audace des ennemis, et que n'oseraient point, à leur exemple, les autres princes mahométans! Enfin il fallait accepter le défi, et faire voir aux infidèles que le Créateur du ciel et de la terre est plus puissant que le roi Alaradin.

« Mais comment se mettre en mer, dit le gouverneur, et sur quels navires, puisque, de huit qui étaient au port, il ne reste que quatre corps de fustes tout rompus? Et quand on pourrait s'en servir, que faire avec cela contre une flotte si nombreuse? — Que les barbares aient encore plus de vaisseaux que vous ne pensez, répondit Xavier, ne sommes-nous pas plus forts qu'eux, ayant le Ciel de notre côté? et pouvons-nous ne pas vaincre si nous combattons au nom du Seigneur? »

Pas un n'osa contredire le saint homme, et tous allèrent ensemble à l'arsenal. On y trouva une barque assez bonne, de celles qu'on nomme catur, et sept vieilles fustes qui n'étaient guère propres qu'à brûler. Édouard Bereto, qui avait soin des armements, fut chargé de faire raccommoder ces fustes en diligence; mais il protesta qu'il ne le pouvait, car les magasins du roi manquaient de tout ce qui était nécessaire pour radouber et pour équiper les vaisseaux, et il n'y avait point d'argent dans les coffres de l'épargne.

Le gouverneur, qui n'avait aucune ressource, commençait à perdre courage, lorsque Xavier alla tout à coup embrasser l'un après l'autre sept capitaines de navires qui étaient du conseil de guerre. Il les pria de partager entre eux et de remettre en état les sept fustes; il leur assigna même à chacun la sienne, sans attendre leur réponse. Les capitaines n'eurent garde de s'opposer à Xavier, ou plutôt à Dieu, qui tourna leur esprit du côté que le saint voulait. Pus de cent ouvriers furent employés sur-le-champ à chaque vaisseau, et en cinq jours les sept fustes se trouvèrent capables de combattre.

La veille de l'embarquement, ayant assemblé les soldats et les capitaines, Xavier leur dit qu'il les accompagnerait en esprit, et que, tandis qu'ils chargeraient les barbares, il lèverait les mains au ciel; qu'ils combatissent vaillamment dans l'espérance d'une gloire non vaine et périssable, mais solide et immortelle; qu'au fort du combat ils envisageassent Jésus-Christ crucifié, dont ils soutenaient la cause, et qu'à la vue de ses plaies ils ne craignissent ni les blessures ni la mort, trop heureux s'ils pouvaient lui rendre vie pour vie.

Tous, d'une commune voix, jurèrent qu'ils combattraient les infidèles jusqu'à la dernière goutte de leur sang. Ce serment solennel toucha Xavier, et lui tira des larmes des yeux. Il donna sa bénédiction à toute la troupe, et, pour l'encourager davantage, il la nomma la troupe des soldats de Jésus-Christ; ensuite il entendit leurs confessions et les fit communier de sa main.

Ils s'embarquèrent le jour suivant avec une allégresse qui leur répondait, en quelque façon, de la victoire; mais leur joie ne dura qu'un moment. A peine eut-on levé l'ancre que l'*Amiral* s'entr'ouvrit et enfonça tout à coup, et l'on ne put sauver que les hommes qui étaient dedans.

Tout le peuple que l'embarquement de la flotte avait attiré sur le rivage, et qui vit périr le navire, prit de là un mauvais augure de l'expédition, et ne put s'empêcher de murmurer contre le père François, qui en était l'auteur; il jeta même de grands cris pour rappeler les autres vaisseaux.

Le gouverneur, voyant la populace si émue, et craignant que ses premiers mouvements n'eussent des suites fâcheuses, envoya promptement chercher le père. Celui qui fut député trouva Xavier à l'autel, dans l'église Notre-Dame-du-Mont, sur le point de consommer la sainte hostie ; il s'approcha comme pour lui parler à l'oreille, mais le père le fit se retirer et lui imposa silence de la main.

Dès que la messe fut achevée : « Retournez-vous-en, dit Xavier à l'envoyé du gouverneur sans lui donner le temps de s'expliquer, et dites de ma part à votre maître que la perte d'un navire ne doit pas nous décourager. » Le saint fit par là connaître que Dieu lui avait révélé ce qui venait d'arriver. Il demeura quelque temps en prière devant l'image de la Vierge, et l'on entendit ces paroles sortir de sa bouche : « Mon Jésus, l'amour de mon cœur, regardez-moi d'un œil favorable ; et vous, Vierge sainte, soyez-moi propice. Seigneur Jésus, considérez vos plaies sacrées, et souvenez-vous qu'elles nous donnent droit de vous demander ce que nous voulons. »

Ses prières étant finies, il se rendit à la citadelle. Le gouverneur, que les murmures et les cris du peuple avaient alarmé, ne pouvant dissimuler son chagrin, fit des reproches au père sur l'entreprise où il les avait engagés. Mais Xavier lui reprocha à lui-même sa défiance, et lui dit en souriant : « Hé quoi donc! perdez-vous courage pour si peu de chose? » Ils allèrent ensuite au bord de la mer, où étaient encore les soldats de l'*Amiral,* tout consternés du péril qu'ils avaient couru. Le père les rassura et leur fit entendre que le Ciel n'avait permis la perte de leur navire que pour éprouver leur fidélité.

Cependant le gouverneur jugea à propos de tenir un grand conseil. Tous les officiers de la ville et les principaux habitants furent d'avis qu'on abandonnât une entreprise qui, selon eux, était téméraire et ne pouvait être que malheureuse. Mais les chefs et les soldats de la flotte, animés par les paroles du saint homme et remplis de je ne sais quelle force plus qu'humaine, furent d'un sentiment tout contraire; ils protestèrent qu'ils aimaient mieux mourir que de violer la foi qu'ils avaient donnée solennellement à Jésus-Christ. Du reste, disaient-ils, qu'avons-nous plus à craindre qu'hier? Notre nombre n'est pas diminué pour avoir un vaisseau de moins, et nous combattrons aussi bien avec six

L'*Amiral* s'entr'ouvrit et s'enfonça tout à coup.

fustes qu'avec sept. D'ailleurs que ne devons-nous pas espérer sous les auspices et sur les promesses du père François?

Alors Xavier, prenant la parole : « La fuste perdue sera bientôt remplacée, dit-il d'un ton prophétique. Avant que le soleil se couche, il nous viendra des vaisseaux meilleurs que celui qui nous manque, et c'est ce que je vous annonce de la part de Dieu. »

Une prédiction si positive étonna toute l'assemblée, et fit remettre au lendemain la conclusion de l'affaire. On attendit le reste du jour avec impatience ce que le père venait de promettre. Lorsque le soleil était sur le point de se coucher, et que plusieurs commençaient déjà à craindre que la prophétie ne s'accomplit pas, justement dans le temps marqué par le saint, on découvrit, du clocher de Notre-Dame-du-Mont, deux voiles latines qui venaient du côté du nord. Don Francisco envoya aussitôt un esquif pour les reconnaître. Ayant su que c'étaient des navires portugais qui suivaient la route de Pégu, sans vouloir mouiller l'ancre à Malacca, pour ne point payer des droits de passage, il alla trouver le père François, qui était en prière à Notre-Dame-du-Mont, et lui dit que l'accomplissement de sa prédiction serait inutile si les navires passaient outre.

Xavier se chargea de les arrêter, et, s'étant mis dans l'esquif qui les avait reconnus, il alla les rejoindre. Les deux maîtres des navires, voyant venir l'homme de Dieu, tournèrent vers lui et le reçurent honorablement. Il leur exposa l'état des affaires et les conjura, dans l'intérêt de la religion et de la patrie, d'assister la ville contre l'ennemi du nom chrétien et de la couronne du Portugal.

Ils se rendirent aux raisons du père, et entrèrent le lendemain matin dans le port au milieu des acclamations du peuple. On ne douta plus après cela qu'il ne fallût combattre l'armée ennemie, et les habitants les plus timides revinrent à l'avis des soldats et des capitaines.

Tout étant prêt pour mettre à la voile, l'amiral François Deza reçut l'étendard de la main du père Xavier, qui l'avait béni solennellement.

La flotte sortit du port le 25 octobre, avec ordre du gouverneur de ne pas passer le Pulo-Cambeylan, qui est à l'extrémité du royaume de Malacca, du côté de l'occident. Sa raison était que, lorsque les armes ne sont pas égales et que les forces des ennemis surpassent les nôtres, nous devons mettre notre gloire à les chasser de nos terres, et non pas à les poursuivre au delà; que, quelque espérance qu'on ait en Dieu, il ne faut pas le tenter; et que le Ciel n'a pas coutume de bénir la témérité et la présomption.

Étant donc partis pleins de confiance et de joie, ils arrivèrent en quatre jours au Pulo-Cambeylan, sans avoir reçu aucune nouvelle des ennemis, quelque diligence qu'ils fissent pour les découvrir.

L'amiral, pour obéir au gouverneur, pensait à retourner sur ses pas, malgré l'ardeur de plusieurs des siens qui voulaient qu'on passât le terme qui leur avait été marqué, et qu'on allât chercher les barbares en quelque lieu du monde qu'ils fussent; mais il s'éleva la même nuit un vent si violent, qu'ils furent contraints de s'arrêter à l'ancre l'espace de vingt-trois jours. Comme les vivres commençaient à leur manquer, et que le vent ne leur permettait pas de tourner du côté de Malacca, ils résolurent d'aller faire des provisions à Tenasserim, vers le royaume de Siam.

Avant qu'ils eussent gagné Tenasserim, le besoin d'avoir de l'eau les obligea d'en chercher plus près, au royaume de Quela, dans la rivière de Parlez. Y étant entrés, ils aperçurent la nuit une barque de pêcheurs qui passait près de leurs navires. La barque fut arrêtée, et les pêcheurs dirent que les Achemois n'étaient pas fort éloignés; que depuis un mois et demi ils étaient entrés dans la rivière; qu'ils avaient pillé tout le plat pays et s'étaient enfin arrêtés pour bâtir une forteresse.

Cette nouvelle remplit de joie les Portugais; et Deza, ravi d'avoir trouvé l'ennemi qu'il ne cherchait plus, s'étant paré de ses plus riches habits, fit tirer l'artillerie en signe d'allégresse, sans considérer qu'il perdait ses poudres inutilement et qu'il avertissait les barbares de se tenir sur leurs gardes. Ce qu'il fit de mieux fut d'envoyer trois fustes contre le courant de la rivière, pour découvrir où étaient les infidèles et observer leur contenance, tandis qu'il se préparait à les combattre.

Les trois fustes rencontrèrent quatre brigantins que les ennemis avaient détachés pour savoir ce que c'était que le canon qu'ils avaient entendu. Avant que les uns et les autres se fussent bien reconnus, chaque fuste accrocha un brigantin et s'en saisit; le quatrième se sauva. Les soldats des fustes passèrent au fil de l'épée tout ce qui se trouva sur les brigantins, hors six hommes, qu'ils emmenèrent prisonniers avec les brigantins.

Ces prisonniers furent mis à la question ; mais, quelques tourments qu'on leur fit souffrir, on ne put d'abord leur faire dire ni le lieu où étaient les ennemis, ni le nombre de leurs troupes et de leurs vaisseaux. Deux moururent dans les tourments, et l'on en jeta deux tout vifs dans la mer. Les deux qui restaient, devenus moins fiers par le supplice de leurs compagnons, parlèrent enfin, étant séparés l'un de l'autre, et dirent, chacun de son côté, le lieu où étaient les Achemois ; ils révélèrent que leur nombre montait à plus de dix mille en comptant les matelots, qui valaient bien les soldats ; qu'après avoir massacré deux mille habitants et fait autant d'esclaves, ils se proposaient de couper le passage aux vaisseaux et de faire mourir tous les chrétiens qui tomberaient entre leurs mains.

Ce rapport enflamma le courage et le zèle des soldats. L'amiral ne laissa pas de les exciter au combat : s'étant jeté dans un esquif, le coutelas à la main, il alla par toute la flotte, conjura ses gens d'avoir pendant la bataille Jésus-Christ crucifié devant les yeux, comme le père François le leur avait recommandé, et de se souvenir toujours du serment qu'ils avaient fait, d'espérer surtout la victoire par les mérites du saint homme qui la leur avait promise.

Tous répondirent unanimement qu'ils combattraient jusqu'à la mort, et qu'ils seraient trop heureux de mourir en défendant leur religion.

Les Achemois n'eurent pas plus tôt su de leur brigantin des nouvelles de la flotte portugaise, qu'ils se mirent en état de l'attaquer. Sans balancer un moment, ils firent voile avec tous leurs vaisseaux et toutes leurs troupes, excepté deux vaisseaux et deux cents soldats qu'ils laissèrent pour garder deux mille captifs et tout leur butin.

La fureur qui transportait les barbares fit que, dès qu'ils découvrirent la petite flotte portugaise, ils lâchèrent contre elle toute leur artillerie ; mais ils prirent si mal leurs mesures, qu'elle n'en fut nullement endommagée. Peu de temps après, les navires des deux généraux se choquèrent et s'acharnèrent au combat avec tant d'opiniâtreté de part et d'autre, qu'on ne sut de quel côté serait l'avantage, jusqu'à ce que, du navire de Jean Soarez, on fit jouer une pièce

qui s'appelait *le Chameau*. Le coup de canon fut tiré si
juste, qu'il coula à fond le vaisseau de Soora. Les trois
galions qui l'accompagnaient de front sur la même ligne
changèrent leur ordre et demeurèrent sans combattre, pour
sauver leur général et les principaux seigneurs de sa suite.
Mais ces galions, qui s'étaient mis en travers et qui tenaient
une partie de la largeur du fleuve, arrêtèrent les navires
qui suivaient la file : si bien que ceux du second rang heur-
tant contre les premiers, ceux du troisième contre les
seconds, ils se mêlèrent tous ensemble et s'embarrassèrent
les uns dans les autres.

Les Portugais, voyant l'armée infidèle toute ramassée et
qui ne pouvait se dégager, l'environnèrent et la battirent à
coups de canon. Ils déchargèrent par trois fois toute leur
artillerie, et si à propos, qu'ils enfoncèrent neuf grands navires et maltraitèrent fort les autres. Quatre fustes portu-
gaises s'attachèrent ensuite à six mahométanes que le canon
avait un peu épargnées ; les soldats y entrèrent l'épée à la
main, en invoquant le nom de Jésus, et tuèrent en moins
d'une demi-heure plus de deux mille hommes. La frayeur
et le désordre se mirent partout à la vue du carnage et au
bruit de l'artillerie ; les infidèles se jetèrent eux-mêmes dans
la rivière, aimant encore mieux mourir de la sorte que de
la main des chrétiens.

Le général, qu'on tira seul de l'eau lorsqu'il se noyait,
excité par le désespoir, tâcha de ranimer ce qui lui restait
de gens ; mais, ayant reçu un coup de mousquet, il perdit
lui-même courage et s'enfuit avec deux vaisseaux. Enfin de
toute l'armée des Achémois il ne se sauva que ceux qui sui-
virent Soora dans sa fuite. Du côté des chrétiens, il n'y eut
que vingt-six morts, dont quatre seulement étaient Portugais de nation.

Deza fit partir aussitôt une frégate pour porter à Malacca
la nouvelle de la victoire ; mais on l'y savait déjà dans toutes
ses circonstances, et voici comment :

Le père Xavier, prêchant dans la grande église, entre
neuf et dix heures du matin, au même temps que les deux
flottes se choquaient, s'arrêta tout court, et parut comme
hors de lui-même, tant on vit de changement sur son visage
et en toute sa personne. S'étant un peu remis, au lieu de
suivre son sujet, emporté d'une ardeur extraordinaire, il
annonça à ses auditeurs la rencontre des flottes en des

termes énigmatiques et mystérieux. A mesure que la bataille s'échauffait, il s'enflammait davantage, s'agitant comme un homme inspiré et parlant toujours d'un air prophétique. Enfin, regardant attentivement le crucifix qui était devant lui, il dit, les larmes aux yeux et les soupirs à la bouche, mais d'une manière distincte : « Ah ! Jésus, Dieu de mon âme, père de miséricorde, je vous supplie humblement, par les mérites de votre passion, de n'abandonner point vos soldats. » Après ces paroles, il baissa la tête comme s'il eût été fort fatigué, et s'appuya sur la chaire, sans dire un seul mot. Étant demeuré dans cette posture un peu de temps, il se leva tout à coup et dit tout haut avec un tressaillement de joie dont il ne fut pas maître : « Jésus-Christ, mes frères, a vaincu pour nous. A l'heure où je vous parle, les soldats de son saint nom achèvent de mettre en déroute l'armée de nos ennemis ; ils en ont fait un très grand carnage, et nous n'avons perdu que quatre des nôtres. Vous en recevrez la nouvelle vendredi prochain, et nous reverrons bientôt notre flotte. »

Quelque incroyable que fût un si merveilleux événement, don Francisco et les principaux de la ville, qui étaient présents, le crurent sans peine, tant l'air dont parlait Xavier marquait quelque chose de divin et portait avec soi un caractère de vérité. Comme les femmes et les mères des soldats de l'armée navale paraissaient craindre que la nouvelle ne fût fausse à force de souhaiter qu'elle fût vraie, le père les assembla toutes, l'après-dîner, dans l'église Notre-Dame-du-Mont, et répéta si distinctement ce qu'il avait dit le matin, qu'elles n'osèrent plus en douter.

La frégate envoyée par Deza arriva justement le jour que le saint homme avait dit. La flotte suivit peu de temps après, et entra triomphante dans le port, au son des trompettes et parmi les décharges de l'artillerie. Toute la ville la reçut avec des cris d'allégresse. Le père François, qui mena le peuple sur le rivage, tenait un crucifix à la main, pour faire entendre aux habitants et aux vainqueurs que c'était à Jésus-Christ que l'on devait la victoire. Les uns et les autres, mêlant ensemble leurs voix, rendirent de solennelles actions de grâces au Sauveur des hommes ; mais ils ne purent s'empêcher de publier que c'était le saint qui avait obtenu du Ciel un si grand succès.

Les éloges qu'on donna au père Xavier ne contribuèrent

pas moins à lui faire hâter son voyage de Goa que les affaires qui l'y rappelaient. Il y avait quatre mois qu'il demeurait à Malacca depuis son retour des Moluques, et il était près de partir, lorsque les navires qui avaient coutume de venir tous les ans de la Chine arrivèrent dans le port. Un Japonais nommé Anger vint avec ces navires tout exprès pour voir le père Xavier. C'était un homme de trente-cinq ans, marié, riche, noble d'extraction, et qui avait mené une vie assez peu réglée. Les Portugais, qui deux ans avant firent la découverte du Japon, le connurent à Cangoxima, lieu de sa naissance, et surent de lui-même qu'étant fort troublé du souvenir des péchés de sa jeunesse, il s'était retiré parmi les bonzes solitaires ; mais que ni la solitude ni l'entretien de ces religieux du Japon n'avaient pu lui rendre la tranquillité de son esprit, et qu'il s'était remis dans le commerce du monde, plus agité que jamais des remords de sa conscience.

Anger, ayant entendu parler du saint homme, se sentit une forte envie d'aller le chercher, mais la longueur du chemin, les périls d'une mer très orageuse et la considération de sa famille, le refroidirent un peu. Une mauvaise affaire qu'il eut presque dans le même temps le détermina enfin ; car, ayant tué un homme dans une querelle et étant poursuivi par la justice, il ne trouva pas de meilleure retraite que les navires des Portugais, ni de voie plus sûre pour sauver sa vie que d'accepter l'offre qu'on lui avait faite.

Anger eut la joie de rencontrer Xavier à Malacca. Le saint, qui prévit dès lors que ce Japonais serait le premier du nom qui recevrait le baptême, et que par son moyen l'Évangile y serait prêché, fut saisi de joie en le voyant et l'embrassa avec beaucoup de tendresse. Il l'assura que ses inquiétudes se dissiperaient et qu'il obtiendrait le repos qu'il était venu chercher si loin, s'il voulait pratiquer la loi du vrai Dieu, qui seul pouvait apaiser les troubles du cœur et mettre l'esprit dans une situation tranquille. Anger, charmé des bontés du père, s'offrit volontiers à tout. Le serviteur de Dieu lui enseigna les principes de la foi, dont les Portugais ses amis lui avaient déjà donné quelque connaissance, autant que des gens de négoce en étaient capables ; mais, afin que sa conversion fût plus solide, il jugea à propos de l'envoyer, lui et ses valets, au séminaire de Goa, pour y être instruit à fond des vérités et des pratiques du christianisme avant leur baptême.

Comme, en allant à Goa, il devait visiter la côte de la Pêcherie, il ne voulut pas mener avec lui les trois Japonais. Il écrivit seulement pour eux au recteur du collège de Saint-Paul, et lui ordonna d'en avoir tout le soin possible. Après quoi il s'embarqua de son côté dans un vaisseau qui allait tout droit à Cochin.

Au passage du détroit de Ceylan, le navire qui le portait fut surpris par une horrible tempête. Il fallut d'abord jeter les marchandises à la mer, et les vents soufflaient avec une telle violence, que le pilote, ne pouvant tenir le gouvernail, abandonna le vaisseau au gré des vagues. On eut durant trois jours et trois nuits l'image de la mort toujours présente, et rien ne rassurait les matelots que le visage serein du père Xavier.

Après avoir entendu les confessions, imploré le secours du Ciel et exhorté tout le monde à recevoir également de la main du Sauveur la vie ou la mort, il se retira dans une chambre. François Pereyra, cherchant le saint homme au fort de l'orage pour se consoler avec lui, le trouva à genoux devant son crucifix et tout abîmé en Dieu.

Le navire, emporté par un courant impétueux, donnait déjà contre des bancs de Ceylan, et les matelots se croyaient perdus sans ressources, lorsque le père, sortant de sa chambre, demanda au pilote la corde et le plomb qui servaient à sonder la mer. Les ayant pris, il les laissa aller jusqu'au fond en prononçant ces paroles : « Grand Dieu, Père, Fils et Saint-Esprit, ayez pitié de nous. » Au même moment le vaisseau s'arrête, le vent s'apaise ; ils continuent ensuite leur voyage, et gagnent heureusement le port de Cochin, le 21 janvier 1548.

Le père prit là un peu de loisir pour écrire diverses lettres en Europe, par un vaisseau de Lisbonne qui était sur le point de mettre à la voile.

Après s'être employé un peu au service du prochain, il reprit la route de Comorin et gagna la côte de la Pêcherie. Les Paravas, ses premiers enfants en Jésus-Christ, furent ravis de revoir leur bon père. Tous les villages venaient au-devant de lui en chantant la doctrine chrétienne et remerciant Dieu de son retour. La joie du saint ne fut pas moindre que la leur ; il eut surtout une extrême consolation de voir le nombre des chrétiens fort augmenté par les travaux de ses frères.

La ferveur des fidèles ne consola pas moins Xavier que leur nombre. En visitant un village, on lui montra un jeune homme du pays qui, s'étant embarqué en la compagnie d'un Portugais, avait été jeté par la tempête sur la côte de Malabar. Les Sarrasins qui habitaient ce lieu-là, après avoir massacré le Portugais, voulurent forcer son compagnon de renoncer à la foi. Ils le menèrent, pour ce sujet, dans une mosquée, et lui promirent de grands biens s'il abandonnait la loi de Jésus-Christ pour celle de leur prophète Mahomet. Mais, voyant que les promesses ne l'ébranlaient point, ils le menacèrent de mort et levèrent en même temps le coutelas sur sa tête pour l'effrayer. Comme cela ne l'étonnait pas et qu'il persistait toujours à confesser Jésus-Christ, ils le chargèrent de fers et le traitèrent très cruellement, jusqu'au moment où un capitaine portugais, informé du fait, se jeta avec une troupe de soldats dans la ville des infidèles, et retira le jeune homme de leurs mains.

Xavier l'embrassa plusieurs fois, et loua Dieu de ce que la foi était si vive en des cœurs barbares. Il apprit aussi avec plaisir la conduite de quelques esclaves qui, s'étant enfuis de la maison de leurs maîtres portugais et vivant parmi les gentils, bien loin de se laisser corrompre aux superstitions païennes, s'acquittaient exactement des obligations de leur baptême et vivaient d'une manière très édifiante.

Bien que chacun d'eux fût résolu de persévérer dans la foi au milieu de l'idolâtrie, ils souhaitaient fort de retourner parmi les fidèles pour avoir les secours spirituels qui leur manquaient et pour mener une vie plus conforme à leur croyance. Aussi, dès qu'ils surent le retour du père Xavier, qui les avait baptisés la plupart, ils vinrent le prier de faire leur paix avec les maîtres qu'ils avaient quittés pour se retirer de l'esclavage, et ils lui déclarèrent qu'ils étaient contents de perdre encore une fois leur liberté dans la vue de leur salut. Xavier les reçut comme des enfants bien-aimés, et obtint ensuite leur grâce.

Quand il eut parcouru tous les villages, il s'arrêta quinze jours à Manapar, qui n'est pas fort éloigné du cap Comorin. Comme l'unique fin qu'il se proposait était de planter la foi dans les Indes, et que pour cela il fallait y établir la compagnie, il commença à régler les choses selon les principes et dans l'esprit du père Ignace, général de l'ordre. Ayant rassemblé tous les ouvriers de la côte, il examina les talents et les vertus de chacun en traitant familièrement avec eux et leur faisant rendre compte de leur intérieur. Après cela il leur assigna les lieux qui leur convenaient suivant leurs forces spirituelles et corporelles. Il nomma le père Antoine Criminal supérieur de tous ; et, afin qu'ils fussent plus capables de servir ce peuple, il ordonna que chacun étudiât avec tout le soin possible la langue malabare, qui a cours dans tout le pays. Il chargea pour ce sujet le père François Henriquez de composer une grammaire très exacte, selon la méthode des grammaires grecque et latine. L'ouvrage semblait impossible, surtout à un homme nouvellement venu d'Europe, et qui avait peu de connaissance des langues indiennes. Néanmoins Henriquez en vint à bout même en peu de temps, et ce fut apparemment un miracle de l'obéissance.

A son retour à Goa, Xavier reçut au nombre des enfants d'Ignace Cosme de Torrez, prêtre espagnol, né à Valence, et l'un des plus grands esprits et des plus savants hommes de son siècle. Il admit encore dans la compagnie quelques Portugais qui avaient de beaux talents pour les missions, et qui brûlaient du zèle des âmes.

Ils vivaient tous ensemble dans le collège de Saint-Paul, où la ferveur régnait non seulement parmi les jésuites, mais aussi parmi les séminaristes, dont le nombre croissait tous les jours. Le Japonais Anger était avec eux, menant une vie très réglée et ne soupirant qu'après le baptême, qu'on lui avait différé jusqu'au retour du saint.

Xavier ne se contenta pas de l'instruire de nouveau ; il voulut que le père Torrez lui expliquât à fond tous les mystères de la foi. Anger et ses deux valets, qui avaient les mêmes instructions que leur maître, furent enfin baptisés solennellement le jour de la Pentecôte par l'évêque de Goa, don Jean d'Albuquerque : si bien que l'Église commença à prendre possession de la nation du monde la plus éloignée le jour même que le Saint-Esprit, descendu sur les apôtres, leur donna mission de porter l'Évangile à tous les peuples de la terre.

Anger désira d'être nommé Paul de Sainte-Foi, en mémoire du collège de la compagnie de Jésus où il avait eu une connaissance particulière de la loi divine, et qui s'appelait tantôt le collège de Saint-Paul, tantôt le séminaire de Sainte-Foi. L'un de ses serviteurs prit le nom de Jean, l'autre celui d'Antoine.

Mais afin que les nouveaux fidèles eussent les véritables principes de la morale chrétienne, et que leur conduite répondît à leur croyance, le père Xavier chargea Torrez de leur donner les exercices spirituels de la compagnie.

Le maître et ses serviteurs sortirent si fervents de ces exercices, que Xavier écrivit en Europe qu'il était animé par leur exemple au service de Dieu, et qu'il ne pouvait les voir sans rougir de sa lâcheté.

Dans les conversations qu'il eut avec eux, il apprit que l'empire du Japon était un des plus peuplés du monde, que les Japonais étaient naturellement curieux et avides de savoir, mais dociles et capables de discipline; que, comme ils avaient presque tous de l'esprit et de la raison, si on leur exposait la morale du christianisme, ils s'y rendraient sans peine.

Il n'en fallut pas davantage à Xavier pour concevoir le dessein de porter la foi au Japon. La douceur, l'honnêteté, le bon naturel des trois Japonais baptisés lui donnèrent bonne opinion de tous les autres; et les marchands portugais nouvellement revenus du Japon l'assurèrent si bien que c'était là le caractère de la nation, qu'il ne douta pas que la religion chrétienne n'y fît de grands progrès.

Il adora aussi les jugements de la Providence, qui, sous prétexte de sauver un homme du supplice et de calmer son esprit, avait fait sortir trois Japonais de leur pays et les avait amenés à Goa pour servir de guides à un missionnaire; mais, afin que ces guides fussent plus utiles, il jugea à propos qu'on leur enseignât à lire et à écrire en portugais, et qu'ils étudiassent bien la langue. Anger, que nous appellerons désormais Paul de Sainte-Foi, apprit tout ce qu'on voulut; car, outre que c'était un esprit vif et facile, il avait la mémoire si heureuse, qu'il savait presque par cœur tout l'Évangile de saint Matthieu.

Cependant don Jean de Castro fit équiper une flotte dans le dessein de prendre possession d'Aden, l'une des plus fortes villes de l'Arabie Heureuse, et située au pied d'une haute montagne qui aboutit à la mer par une longue et étroite pointe de terre. Huit fustes de Goa, pleines de gens de guerre, partirent pour l'expédition d'Aden. Parmi ces soldats il y en avait un extrêmement brave et fameux par ses exploits militaires, mais noirci de crimes, et encore plus connu par sa vie licencieuse que par sa vaillance. C'était une espèce de bête féroce qui n'avait d'homme que la figure et de chrétien que le nom. Il y avait dix-huit ans qu'il ne s'était confessé; et s'il se présenta une fois au vicaire de Goa, ce fut moins pour se réconcilier avec Dieu que pour n'être pas cru un mahométan ou un idolâtre.

Le père Xavier avait jeté l'œil sur ce malheureux, et n'attendait que le moment favorable pour travailler à une conversion si difficile.

Ayant su que le soldat s'embarquait sur une des fustes qui allait joindre la flotte, il sortit au même instant du collège de Saint-Paul, ne prenant que son bréviaire avec lui, et alla se mettre dans la même fuste.

On crut, en voyant le père François, qu'il avait ordre du gouverneur d'accompagner son fils don Alvarez, et tout le monde en eut de la joie, hors celui pour qui il venait. Il s'approcha du soldat, et, quand on eut levé l'ancre, il commença à se familiariser avec lui, de telle sorte que les autres ne pouvaient assez s'en étonner.

Quelque brutal que fût cet homme, il s'affectionna insensiblement au père et prit plaisir à l'entendre parler, non seulement de la guerre et de la marine, mais de la religion et de la morale. Enfin il fit quelques réflexions sur l'horreur de sa vie, et sentit même quelques remords de conscience.

Un jour qu'ils étaient tous deux seuls en un coin du navire, Xavier lui demanda à qui il s'était confessé avant son départ. « Ah! mon père, dit le soldat, il y a bien des années que je me suis confessé! — Eh! comment! reprit le père. A quoi pensez-vous? Plus vous êtes brave, plus vous êtes exposé tous les jours : et quel serait votre sort si vous veniez à être tué dans l'état où vous êtes présentement? — Je voulus une fois me confesser, reprit le soldat, au moins pour sauver les apparences; mais le vicaire de Goa ne voulut pas seulement m'entendre, et me déclara que j'étais un réprouvé qui ne méritait que l'enfer. — Le procédé du vicaire me paraît un peu rigoureux, répliqua Xavier; il a eu néanmoins ses raisons pour vous traiter de la sorte, et j'ai les miennes pour en user autrement. Car enfin les miséricordes du Seigneur sont infinies, et Dieu veut que nous

4

ayons pour nos frères autant d'indulgence qu'il en a pour nous. Ainsi, quand les péchés dont vous vous sentez coupable seraient mille fois plus nombreux et plus énormes qu'ils ne le sont, j'aurai la patience de vous écouter, et je ne ferai pas de difficulté de vous absoudre, pourvu que vous preniez les sentiments que je tâcherai de vous inspirer. »

Par ces paroles il porta le soldat à se confesser et à faire une confession générale. Il l'y disposa lui-même en le faisant repasser sur toute sa vie, et descendant avec lui dans le détail de tous les péchés qu'un homme de son caractère et de sa profession avait pu commettre. Lorsqu'ils étaient en ces termes, on jeta l'ancre au port de Coulan pour se rafraîchir un peu. Plusieurs de la flotte mirent pied à terre, entre autres le père Xavier avec son soldat. Ils s'en allèrent tous deux dans un lieu écarté et solitaire ; là le soldat se confessa les larmes aux yeux, et résolut d'expier ses crimes par la pénitence que son confesseur lui imposerait, si rigoureuse qu'elle pût être. Mais le père ne lui donna qu'un *Pater* et un *Ave* à dire, de quoi le pénitent étonné : « D'où vient donc, mon père, dit-il, qu'étant, comme je suis, un grand pécheur, vous me donnez une si légère pénitence ? — Tenez-vous en repos, mon fils, répondit Xavier, nous apaiserons la justice divine. » Au même instant il s'enfonce dans le bois, tandis que le soldat accomplissait sa pénitence. Il fit alors ce qu'il avait fait autrefois en une occasion pareille : il découvrit ses épaules, et se donna la discipline si rudement, que le soldat accourut au bruit des coups. Voyant le père tout en sang, et jugeant bien quel était le motif d'une si étrange action, il lui arracha la discipline des mains en s'écriant que c'était au criminel, et non pas à l'innocent, à porter la peine du péché ; il se dépouille aussitôt, et châtie son corps de toute sa force. Xavier l'embrassa plusieurs fois, et lui déclara qu'il ne s'était embarqué que pour l'amour de lui. Ensuite, lui ayant donné des conseils salutaires pour l'affermir dans la grâce, il le quitta, et s'en retourna à Goa par le premier navire qui sortit du port où ils s'étaient arrêtés. Pour le soldat, il suivit la flotte, et, dès que l'expédition d'Aden fut finie, il se fit religieux dans un ordre austère, où il vécut et mourut très saintement.

Peu de temps après que le père fut de retour à Goa, le gouverneur, don Jean de Castro, y revint aussi, mais tout malade d'une fièvre lente qui le consumait depuis quelques

mois. Se sentant faiblir de jour en jour et ne doutant pas
que la fin de sa vie ne fût proche, il renonça entièrement
aux affaires, et choisit diverses personnes pour remplir sa
charge. Ensuite il ne pensa qu'à la mort et à son salut. Il
eut pour cela de longs entretiens avec le père Xavier, et ne
voulut plus voir que lui.

Sur ces entrefaites, un navire arrivant de Lisbonne apporta
au vice-roi des lettres du roi de Portugal qui louaient fort
sa conduite et le continuaient pour trois ans dans le gouvernement des Indes. Comme don Jean de Castro était fort
aimé, on en fit des réjouissances publiques par toute la
ville. Mais le malade, entendant les décharges de l'artillerie
et voyant presque de son lit les feux de joie, ne put s'empêcher d'en rire, tout moribond qu'il était. « Que le monde
est faux et ridicule, disait-il, de nous présenter des honneurs
pour trois ans, quand nous n'avons plus qu'un moment à
vivre ! » Le père l'assista jusqu'au dernier soupir, et eut la
consolation de voir mourir un grand du monde avec les
sentiments d'un saint religieux.

Xavier étant maître de lui-même, en quelque façon, par
la mort de don Jean de Castro, qui l'avait prié de ne point
s'éloigner de Goa durant l'hiver, eut la pensée de visiter une
seconde fois la côte de la Pêcherie avant son voyage du Japon,
sur lequel il ne s'était point encore déclaré ouvertement.
Mais la mauvaise saison l'arrêta ; car pendant un certain
temps le sable remplit tellement les canaux de l'île, qu'aucun
navire ne put ni sortir du port ni y entrer.

En attendant que la navigation devînt libre, le saint s'appliqua particulièrement aux exercices de la vie spirituelle,
comme pour reprendre de nouvelles forces après ses travaux
passés, selon la coutume des hommes apostoliques, qui,
dans le commerce qu'ils ont avec Dieu, se délassent des
fatigues qu'ils prennent pour le prochain.

C'est alors que, dans le jardin du collège de Saint-Paul,
tantôt se promenant, tantôt retiré dans un petit ermitage
qu'on y avait bâti, il s'écriait : « C'est assez, Seigneur, c'est
assez ! » et il ouvrait sa soutane devant l'estomac, pour
donner un peu d'air aux flammes dont son cœur était
embrasé. Il déclarait par là qu'il ne pouvait plus soutenir
l'abondance des consolations célestes, et faisait entendre
tout à la fois qu'il aimait mieux souffrir beaucoup de tourments pour le service de Dieu que de goûter tant de dou-

ceurs : si bien qu'il pria Notre-Seigneur de lui réserver les plaisirs pour l'autre vie, et de ne lui épargner aucune peine en celle-ci.

La saison commençait à être plus douce, et Xavier se disposait à faire voile vers le cap Comorin, lorsqu'un vaisseau portugais arriva du Mozambique avec cinq missionnaires de la compagnie. Le plus remarquable de ces missionnaires et de cinq autres qui venaient avec la flotte était Gaspard Barzée, Flamand de nation. Le père François avait déjà entendu parler de lui comme d'un excellent ouvrier et célèbre prédicateur; mais sa présence et le témoignage de tout le navire donnèrent au saint de si hautes idées de son mérite, qu'il le regarda dès lors comme un apôtre de l'Orient.

Il passa cinq jours avec ses nouveaux compagnons.

Dès le quatrième jour il fit prêcher le père Barzée, et il lui trouva toutes les qualités d'un parfait prédicateur. Plusieurs gentilshommes portugais, qui avaient été fort édifiés de la vertu et des discours de Barzée pendant la navigation, vinrent se jeter aux pieds de Xavier pour lui demander d'être admis en la compagnie. Le capitaine du vaisseau et le gouverneur de l'une des principales citadelles que les Portugais avaient aux Indes étaient de ce nombre. Il en reçut quelques-uns avant de partir, et remit les autres à son retour; mais il voulut que tous fissent les exercices spirituels du père Ignace.

Enfin Xavier s'embarqua le 9 septembre pour la côte de la Pêcherie. Il y consola et affermit les fidèles, qui étaient toujours persécutés par les Badages, ennemis mortels et irréconciliables du nom chrétien. Il encouragea aussi les ouvriers de la compagnie, qui pour la même raison étaient tous les jours en danger de mort.

Ayant parcouru la côte de la Pêcherie, il s'en retourna par Cochin, où il s'arrêta deux mois, et s'employa sans relâche à instruire les enfants, à servir les malades et à régler les mœurs de toute la ville. Ensuite il alla trouver à Bazin le vice-gouverneur des Indes, don Garcie de Sa, que don Jean de Castro avait nommé en mourant. Le père voulait obtenir de lui des lettres de recommandation pour le gouverneur de Malacca, afin de passer au Japon plus aisément.

Dès que Xavier fut revenu à Goa et qu'on sut le voyage qu'il méditait, ses amis mirent tout en œuvre pour l'en

Jonques chinoises.

détourner. Ils lui représentèrent d'abord la longueur du chemin, qui était de treize cents lieues ; les dangers de mort auxquels il serait continuellement exposé, non seulement à cause des pirates qui couraient ces mers et massacraient tout ce qui tombait entre leurs mains, mais aussi à cause des écueils inconnus aux plus habiles pilotes, et de certains vents appelés typhons, qui règnent depuis la Chine jusqu'au Japon, dans une immense étendue de mer. On lui disait que ces tourbillons impétueux faisaient pirouetter un navire et l'abîmaient tout à coup, ou qu'ils le poussaient avec furie contre les rochers et le mettaient en pièces.

On ajoutait que quand, par une espèce de miracle, son vaisseau se sauverait des corsaires et des tempêtes, il ne serait pas en sûreté aux ports de la Chine, d'où l'on venait de chasser les Portugais ; qu'au reste, si son zèle était insatiable, il y avait encore en Orient de vastes royaumes qui n'étaient pas éclairés de la lumière de l'Évangile ; qu'il y avait même, près de Goa, des îles et des terres tout idolâtres ; qu'il laissât donc ces îles trop éloignées, que la nature semblait avoir séparées du commerce des mortels, et où la puissance des Portugais n'étant pas établie, le christianisme ne pourrait jamais se maintenir contre la persécution des païens.

Xavier était trop persuadé que Dieu le voulait au Japon pour écouter les raisons de ses amis. Il se moqua de leurs craintes : « En vérité, disait-il, je m'étonne que vous vouliez m'empêcher d'aller pour le bien des âmes où vous allez pour un petit gain temporel, et je vous avoue que j'ai honte de votre peu de foi ; mais j'ai honte aussi d'avoir été prévenu, et je ne puis souffrir que les marchands aient eu plus de courage que les missionnaires. »

Il écrivit en même temps au père Simon Rodriguez, et quelques endroits de sa lettre marquent bien la disposition du saint homme : « Il est arrivé ici des navires de Malacca « qui confirment que tous les ports de Chine sont armés, « et que les Chinois vont faire une guerre ouverte aux Por- « tugais. Je n'en irai pas moins au Japon ; car je ne vois « rien de plus agréable et de plus doux en ce monde que de « vivre dans des périls continuels de mort pour l'honneur « de Jésus-Christ et pour les intérêts de la foi. Aussi est-ce « le propre du chrétien de trouver plus de plaisir dans la « croix que dans le repos. »

L'apôtre, étant sur le point de partir pour le Japon, établit le père Paul de Camerin supérieur général en sa place, et le père Antoine Gomez recteur du séminaire de Goa.

Il envoya avant son départ Gaspard Barzée à Ormuz, avec un compagnon qui n'était pas encore prêtre.

Quelque idée qu'il eût de la sagesse et de la vertu du père Gaspard, il ne laissa pas que de lui donner par écrit des instructions particulières pour l'aider à se bien conduire dans une mission aussi importante que celle-là.

Huit jours après le départ de Gaspard Barzée, le père Xavier partit lui-même pour le Japon : c'était au mois d'avril de l'année 1549. Il prit pour ses compagnons le père Cosme de Torrez et le frère Jean Fernandez, outre les trois Japonais convertis, Paul de Sainte-Foi et ses deux valets Jean et Antoine.

Ils arrivèrent à la fin de mai à Malacca. Toute la ville vint au-devant du père Xavier, et chacun eut une joie incroyable de le revoir.

On reçut alors des nouvelles du Japon, et quelques lettres portaient qu'un des rois de l'île demandait des prédicateurs évangéliques au gouverneur des Indes par une ambassade expresse, que ce roi avait appris quelque chose de la loi chrétienne, et qu'un événement merveilleux lui avait fait naître le désir d'en apprendre davantage.

Voici quel était cet événement : des marchands portugais ayant abordé au port de la capitale d'un des royaumes du Japon, furent logés, par ordre du roi, dans une maison déserte qu'on croyait infestée de malins esprits. L'opinion populaire n'était pas mal fondée, et les Portugais s'aperçurent bientôt que leur logement était incommode. Ils entendaient la nuit un bruit horrible ; ils se sentaient tirer de leurs lits et frapper durant le sommeil, sans voir néanmoins personne. Pour remédier au vacarme qui se faisait régulièrement toutes les nuits, ils semèrent de croix toute la maison, et depuis ils n'entendirent plus rien.

Les Japonais furent fort surpris quand ils surent comment la maison était devenue tranquille. Le roi même, à qui les Portugais dirent que la croix des chrétiens faisait fuir les malins esprits, admira un effet si merveilleux et fit planter des croix partout, jusque dans ses maisons royales et sur les chemins publics. Il voulut ensuite savoir d'où la croix tirait sa vertu et pourquoi les démons la craignaient tant. Ainsi il descendit peu à peu dans les mystères de la foi. Mais comme les Japonais sont extrêmement curieux, non content d'être instruit par des marchands et par des soldats, il eut la pensée de faire venir des prédicateurs, et c'est pour cela qu'il envoya un ambassadeur aux Indes.

Ces nouvelles consolèrent infiniment le père Xavier, et hâtèrent d'autant plus son voyage, que les Japonais lui parurent plus disposés à recevoir l'Évangile. Il y avait dans le port de Malacca plusieurs navires portugais qui étaient près de partir pour le Japon ; mais tous ces vaisseaux devaient faire diverses courses en chemin, et cela n'accommodait pas le saint homme ; sa seule ressource fut un navire chinois qui allait droit au Japon : c'était un de ces petits bâtiments qu'on appelle jonques en Chine. Le maître du navire, nommé Neceda, était un corsaire fameux, ami des Portugais, nonobstant la guerre déclarée entre les deux nations, et si connu par ses brigandages, que son vaisseau se nommait communément la *jonque du voleur*. Don Pedro de Sylvain, gouverneur de Malacca, fit promettre au capitaine chinois qu'il conduirait sûrement le père, et voulut avoir de lui des otages pour l'engager à tenir inviolablement sa promesse. Mais quel fondement peut-on faire sur la parole d'un pirate et d'un scélérat ?

Xavier et ses compagnons s'embarquèrent le 24 juin, au commencement de la nuit, et l'on démarra le lendemain au point du jour avec un bon vent. Dès qu'on fut en mer, le capitaine et les matelots, qui étaient tous idolâtres, élevèrent une pagode sur la poupe, lui firent des sacrifices malgré les remontrances de Xavier, et la consultèrent par la voie du sort pour savoir si leur navigation serait heureuse. Les réponses étaient tantôt bonnes et tantôt mauvaises. Cependant ils jetèrent l'ancre à une île, et s'y fournirent de bois contre les furieuses tourmentes de ces mers. Ils recommencèrent en même temps à interroger leur idole, et recherchèrent par le sort s'ils auraient un vent favorable. Le sort promit un bon vent, et sur cela les païens continuèrent gaiement leur voyage. Néanmoins ils ne furent pas plus tôt en haute mer, qu'ils tirèrent les sorts de nouveau pour voir si du Japon le navire retournerait heureusement à Malacca : la réponse fut qu'il aborderait au Japon, mais qu'il ne reverrait plus Malacca. Le pirate, qui était fort superstitieux, résolut au même moment de quitter sa

route. Il tourna, en effet, ailleurs, et ne fit plus que
s'amuser dans les îles qui se présentaient. Le père Xavier
s'affligea beaucoup que le démon fût le maître de leur destinée, et que tout se réglât suivant les réponses de l'ennemi
de Dieu et des hommes.

En voguant ainsi lentement, on s'approcha des côtes de
la Cochinchine, et les tempêtes qui s'élevèrent alors menacèrent plus d'une fois du naufrage. Les idolâtres eurent
recours à leurs superstitions ordinaires. Le sort déclara que
la mer se calmerait, et que le navire n'avait rien à craindre.
Mais un vent impétueux agita tellement les flots, que les
marins furent contraints d'abaisser les voiles et de jeter
l'ancre. Le balancement du vaisseau fit qu'un jeune chrétien
chinois que Xavier menait avec lui tomba dans la sentine,
qui était ouverte. On l'en retira à demi mort et fort blessé
à la tête. Lorsqu'on le pansait, la fille du capitaine fut pré-
cipitée dans la mer et engloutie par les vagues sans qu'on
pût jamais la sauver.

Un si funeste accident mit Neceda au désespoir; et c'était
un triste spectacle, dit Xavier lui-même dans une de ses
lettres, de voir le désordre qui régnait dans le vaisseau. La
perte de la fille et la crainte du naufrage remplissaient tout
de cris et de larmes.

Néanmoins les idolâtres, au lieu de reconnaître que l'idole
leur avait dit faux, prirent soin de l'apaiser, comme si la
mort de la Chinoise eût été un effet de la colère de la pagode.
Ils sacrifièrent des oiseaux et brûlèrent des parfums en son
honneur; après quoi ils jetèrent les sorts pour savoir la cause
du malheur qui venait d'arriver. On apprit que si le jeune
chrétien fût mort dans la sentine, la fille du capitaine n'aurait pas péri malheureusement. Alors Neceda, transporté de
rage, pensa jeter Xavier et ses compagnons dans la mer.
Comme la fureur des flots s'abattit en un instant, son esprit
se calma un peu; il leva l'ancre et prit la route de Canton
dans le dessein d'y passer l'hiver.

Mais les artifices des hommes et les efforts des démons ne
peuvent rien. Un vent contraire renversa le projet du capitaine en l'obligeant malgré lui d'entrer à pleines voiles dans
la mer du Japon, et c'est ce vent qui porta la *jonque du
voleur* vers Cangoxima, lieu de la naissance d'Anger, surnommé Paul de Sainte-Foi. Ils y abordèrent le 13 août de
l'année 1549.

LIVRE CINQUIÈME

Le Japon est à l'extrémité de l'Asie et vis-à-vis de la Chine; c'est un assemblage de diverses îles remplies de montagnes, dont quelques-unes sont inaccessibles; en hiver le froid y est excessif; la terre, féconde en mines d'or et d'argent, produit peu de grains faute d'être cultivée.

Anciennement le Japon était une monarchie. L'empereur à qui toutes ces îles obéissaient se nommait le dayri, et tirait son origine des Camis, qui, selon l'opinion du peuple, descendaient en droite ligne du soleil. La première charge de l'empire était celle de cubo, c'est-à-dire de capitaine général des armées. Pour relever une dignité si éminente d'elle-même, on ajouta, avec le temps, au nom du cubo celui de sama, qui signifie seigneur; et ainsi le chef de la milice japonaise s'appela cubo-sama.

Tous les Japonais, à la réserve de quelques-uns qui font profession d'athéisme et qui croient les âmes mortelles, sont idolâtres et tiennent pour certaine la transmigration des âmes telle que l'enseignait Pythagore. Les uns rendent le culte divin au soleil et à la lune; les autres, aux Camis, ces anciens rois dont nous avons parlé, et aux fotoques, les dieux de la Chine; il y en a qui rendent un culte à diverses sortes de bêtes, et plusieurs adorent le démon sous des figures horribles.

Ils ont encore une divinité mystérieuse qu'on nomme Amida; et ils disent que ce dieu a bâti un paradis si éloigné de la terre, que les âmes ne peuvent y parvenir qu'en trois ans. Mais le Dieu Xaca est celui dont ils content le plus de merveilles, et il semble que ce soit le Messie contrefait par le démon même ou par ses ministres; car, si on les en croit, Xaca, né d'une reine vierge, se retira dans les déserts de

Siam, et y fit de très austères pénitences pour expier les péchés des hommes ; au sortir de sa solitude, il assembla ses disciples, et prêcha en divers pays une doctrine céleste.

L'esprit de mensonge a établi dans le Japon une espèce de hiérarchie semblable à celle de l'Église catholique ; car ces peuples ont un chef de la religion, et comme un souverain pontife, qu'ils nomment le saço. Il tient sa cour dans la capitale de l'empire, et c'est lui qui approuve les sectes, institue les cérémonies et consacre, si j'ose parler de la sorte, les tundi, que l'on peut comparer à nos évêques, et dont la fonction principale est d'ordonner les prêtres des idoles, en leur conférant le pouvoir de faire des sacrifices. Ces prêtres, qu'on appelle bonzes, et dont les uns habitent dans les déserts, les autres demeurent dans les villes, affectent tous une grande austérité de mœurs, et sont parmi les Japonais ce que sont les brahmanes parmi les Indiens, si ce n'est qu'ils sont encore plus scélérats et plus hypocrites.

Pour reprendre notre histoire, presque aussitôt que Xavier et ses compagnons furent arrivés, Paul de Sainte-Foi alla rendre ses devoirs au roi de Saxuma, de qui Cangoxima relevait, et dont le palais n'est éloigné que de six lieues. Ce prince, qui lui avait autrefois témoigné beaucoup de bonté, le reçut avec d'autant plus de joie qu'on le croyait mort. Un si favorable accueil engagea Paul de Sainte-Foi à demander sa grâce au roi pour l'action qui l'avait obligé de se retirer, et il n'eut pas de peine à l'obtenir.

Le roi, qui était curieux comme le sont tous les Japonais, l'interrogea sur les Indes : quelle était la nature du pays, l'humeur des peuples, si les Portugais étaient aussi puissants qu'on le disait. Après que Paul eut satisfait le roi là-dessus, le discours tomba sur les différentes religions des Indiens et particulièrement sur le christianisme, que les Européens avaient introduit aux Indes.

Paul expliqua assez au long les mystères de la foi, et, voyant qu'on prenait plaisir à l'écouter, il produisit un tableau de la Vierge qui tenait l'enfant Jésus entre ses bras. La vue seule de cette peinture frappa tellement le roi, que, touché d'un sentiment de piété et de révérence, il se mit à genoux avec tous ses courtisans pour honorer celle qui était peinte, et qui lui semblait avoir un air plus qu'humain.

Il voulut qu'on portât ce tableau à la reine sa mère. Elle en fut charmée de son côté, et se prosterna de même avec toutes les dames de sa suite pour saluer la mère et le fils, et elle fit mille questions sur la Vierge et sur Jésus-Christ. Cela donna lieu à Paul de raconter toute la vie de Notre-Seigneur, et ce récit plut tant à la reine, que peu de jours après, quand il fut de retour à Cangoxima, elle lui envoya un de ses officiers pour avoir une copie du tableau qu'elle avait vu; mais il ne se trouva point de peintre qui pût faire ce que désirait la princesse. Elle demanda qu'au moins on lui écrivît en abrégé les principaux points de la religion chrétienne, et Paul la contenta là-dessus.

Le père François, ravi de voir les dispositions de la cour de Saxuma, pensa aussitôt à se rendre capable de prêcher en japonais. Il s'appliqua donc à l'étude de la langue, et voici de quelle façon il en parle lui-même. « Nous redevenons « enfants, dit-il, et toute notre occupation présente est « d'apprendre les premiers éléments de la grammaire japo- « naise. Dieu nous fasse la grâce d'imiter l'innocence et la « simplicité des enfants aussi bien que nous en pratiquons « les exercices! »

On ne doit pas s'étonner ici qu'un homme à qui Dieu avait communiqué plusieurs fois le don des langues ne sût pas celle du Japon, et qu'il se donnât la peine de l'étudier. Ces grâces étaient passagères, et Xavier ne s'y attendait nullement; de sorte qu'ayant à demeurer dans un pays, il en étudiait le langage, comme s'il n'eût pu le savoir que par son propre travail.

Tandis que Xavier et ses compagnons s'appliquaient à acquérir la connaissance qui leur était nécessaire pour annoncer Jésus-Christ au peuple de Cangoxima, Paul de Sainte-Foi, chez qui ils logeaient, instruisait lui-même sa famille. Dieu bénit tellement son zèle, qu'outre sa mère, sa femme et sa fille, plusieurs de ses parents se convertirent, et Xavier les baptisa tous.

En moins de quarante jours le saint sut assez de japonais pour entreprendre de traduire l'explication du Symbole des apôtres qu'il avait composée aux Indes. A mesure qu'il traduisait, il apprenait par cœur sa traduction; et avec ce concours il crut pouvoir commencer à publier l'Évangile.

L'apôtre des Indes n'était pas inconnu à la cour de Saxuma. Paul de Sainte-Foi y avait parlé de lui d'une manière qui donna envie à tout le monde de le voir, et qui le fit regarder avec admiration la première fois qu'il parut.

Le roi et la reine le traitèrent honorablement, lui témoignèrent beaucoup d'affection, et l'entretinrent une partie de la nuit. Ils ne pouvaient assez s'étonner que lui et ses compagnons fussent venus d'un autre monde et eussent passé tant de mers orageuses, non par un esprit d'avarice et pour s'enrichir de l'or du Japon, mais seulement pour montrer aux Japonais le vrai chemin du salut.

Xavier profita d'une si heureuse conjoncture, et ne différa pas davantage à prêcher publiquement dans Cangoxima. Le premier qui demanda et reçut le baptême fut un homme de basse condition et dénué des biens de la fortune, comme si Dieu eût voulu que l'Église du Japon n'eût point d'autre fondement que l'abjection et la pauvreté, ainsi que l'Église universelle. On lui donna le nom de Bernard, et par sa vertu il devint avec le temps très illustre.

Cependant Xavier visita les bonzes et tâcha de gagner leur bienveillance, persuadé que le christianisme ferait peu de progrès parmi le peuple s'ils s'opposaient à la prédication de l'Évangile, et jugeant d'ailleurs que tout le monde embrasserait la loi du vrai Dieu, pourvu qu'ils ne la combattissent point ouvertement.

Son honnêteté et sa franchise lui concilièrent d'abord les bonnes grâces de leur chef. C'était un vieillard de quatre-vingts ans, assez homme de bien pour un bonze, estimé si sage, que le roi de Saxuma lui communiquait ses plus importantes affaires, et si savant dans la religion, qu'il fut surnommé Ningit, c'est-à-dire *le cœur de la vérité*. Mais ce nom ne lui convenait pas tout à fait; et Xavier s'aperçut bientôt que le vieillard ne savait que croire touchant l'immortalité de l'âme, disant tantôt que nos âmes ne différaient guère de celles des bêtes, tantôt qu'elles venaient du ciel, et qu'elles avaient en elles-mêmes quelque chose de divin.

Ces incertitudes d'un esprit flottant entre la vérité et le mensonge donnèrent lieu à Xavier de prouver l'immortalité de l'âme dans les conversations qu'ils eurent ensemble, mais en s'en tenant aux principes naturels. Ses raisonnements n'eurent pourtant point d'autre effet que de lui attirer des louanges. Ningit loua le savoir du bonze européen, c'est ainsi qu'on nommait le père, et tomba d'accord que personne n'avait une plus profonde connaissance de la nature; mais il demeura toujours incertain sur ce point de religion, ou par honte de changer d'avis à son âge, ou peut-être par la raison que les gens qui ont douté toute leur vie sont plus difficiles à convaincre que ceux qui n'ont jamais rien cru.

L'estime que Ningit avait pour Xavier fit considérer le saint du reste des bonzes. Ils l'écoutaient avec applaudissement lorsqu'il lui parlait de la loi divine, et ils confessaient eux-mêmes tout haut qu'un homme qui était venu des extrémités du monde, à travers mille dangers, pour prêcher une nouvelle religion, ne pouvait avoir été inspiré que par l'esprit de vérité, ni avancer rien qui ne fût digne de croyance.

Le témoignage des bonzes autorisa la prédication de l'Évangile, mais le dérèglement de leurs mœurs les empêcha de suivre une loi si sainte. Néanmoins, avant la fin de l'année, il y en eut deux, moins corrompus que les autres ou plus fidèles à la grâce de Jésus-Christ, qui embrassèrent la foi, et leur exemple toucha si fort les Cangoximains, que plusieurs demandèrent le baptême.

Ces premiers fruits de la prédication en promettaient de plus abondants, et la foi florissait de jour en jour davantage dans Cangoxima, lorsqu'une persécution excitée tout à coup ruina de si belles espérances et arrêta les progrès de l'Évangile. Les bonzes, surpris de voir tout le peuple disposé à quitter la religion du pays, ouvrirent les yeux sur leurs propres intérêts, et connurent évidemment que si la nouvelle loi était une fois reçue, comme ils ne vivaient que d'aumônes et d'offrandes qu'on faisait aux dieux, ils n'auraient bientôt plus de quoi subsister. Ils jugèrent en même temps qu'il fallait remédier au mal avant qu'il fût incurable, et n'épargner rien pour exterminer les prédicateurs portugais.

On vit donc alors ces religieux idolâtres, qui avaient été au commencement si favorables à Xavier, lui faire une guerre ouverte. Ils le décriaient partout et le traitaient publiquement d'imposteur, jusque-là qu'un jour qu'il prêchait sur une des places de la ville, un bonze l'interrompit au milieu de son discours, et avertit le peuple de s'en défier, disant que c'était un démon qui leur parlait sous la figure d'un homme.

Le déchaînement des bonzes n'eut pas l'effet qu'ils prétendaient. Les Japonais, qui ont naturellement de l'esprit et de la droiture, comprirent sans peine ce qui les faisait changer de langage et de conduite et ils en eurent plus de confiance à ce que le père leur disait.

Les merveilles que Dieu fit par son serviteur confirmèrent sa prédication.

Le saint, se promenant un jour au bord de la mer, rencontra des pêcheurs qui tendaient leur filet vide, et qui se plaignaient de leur mauvaise fortune. Il eut pitié d'eux, et, après avoir fait une courte prière, il leur conseilla de pêcher de nouveau. Ils le firent sur sa parole, et prirent tant de poissons, qu'à peine purent-ils tirer le filet. Ils continuèrent leur pêche les jours suivants avec le même succès ; et, ce qui parut plus étrange, la mer de Cangoxima, qui n'était guère poissonneuse, le fut depuis extrêmement.

Une femme, qui avait entendu parler des guérisons que l'apôtre avait faites aux Indes, lui apporta son petit enfant, qu'une enflure de tout le corps rendait très difforme. Xavier prit l'enfant entre ses bras, le regarda avec des yeux de pitié, et prononça sur lui trois fois ces paroles : *Dieu te bénisse !* Après quoi il le rendit à sa mère si sain et si beau, qu'elle en demeura hors d'elle-même.

Ce miracle fut vite connu dans la ville, et fit espérer à un lépreux la guérison qu'il cherchait en vain depuis plusieurs années. N'osant paraître en public à cause de son mal, qui le séparait du commerce des autres hommes et le rendait odieux à tout le monde, il fit appeler le père. Xavier, qui était alors fort occupé, ne pouvant aller chez cet homme, y envoya un de ses compagnons, avec ordre de demander trois fois au malade s'il croirait en Jésus-Christ au cas qu'on le guérit de sa lèpre, et de faire trois fois le signe de la croix sur lui s'il promettait sincèrement d'embrasser la foi. Tout se passa comme Xavier l'avait ordonné. Le lépreux donna sa parole qu'il se ferait chrétien s'il recouvrait la santé ; et l'on n'eut pas plus tôt fait sur lui trois signes de croix, que tout à coup son corps devint net comme s'il n'avait jamais eu de lèpre. Sa guérison si subite le fit croire sans peine en Jésus-Christ, et sa foi vive hâta son baptême.

Mais le plus illustre miracle qu'opéra Xavier dans Cangoxima fut la résurrection d'une fille de qualité.

Elle était morte à la fleur de l'âge : et son père, qui l'aimait tendrement, en pensa perdre l'esprit. Deux néophytes, qui le vinrent voir avant qu'on fît les funérailles de celle qu'il pleurait jour et nuit, lui conseillèrent de chercher du secours auprès du saint homme qui faisait de si grandes choses, et de lui demander avec confiance la vie de sa fille.

Bonzes japonais

Le païen, persuadé par les néophytes que rien n'était impossible aux bonzes d'Europe, et commençant à espérer contre toutes les apparences humaines, selon la coutume des affligés, qui croient aisément ce qui les flatte, va trouver le père François, se jette à ses pieds, et le conjure les larmes aux yeux de ressusciter sa fille unique qu'il venait de perdre, en ajoutant que ce serait lui rendre la vie à lui-même.

Xavier, touché de la foi et de l'affection du païen, se retira avec son compagnon Fernandez pour prier Dieu. Étant revenu peu de temps après : « Allez, dit-il à ce père désolé, votre fille est en vie. »

L'idolâtre, qui espérait que le saint viendrait avec lui à son logis et invoquerait le nom du Dieu des chrétiens sur le corps de sa fille, crut qu'on se moquait de lui, et s'en alla mécontent. Mais à peine eut-il fait quelques pas, qu'il vit un de ses domestiques qui, tout transporté de joie, lui cria de loin que sa fille était vivante. Il la rencontra bientôt elle-même qui venait au-devant de lui. La fille dit à son père que, dès qu'elle eût rendu l'âme, deux démons horribles s'étaient saisis d'elle et avaient voulu la précipiter dans un abîme de feu, mais que deux hommes inconnus, d'un aspect auguste et modeste, l'avaient arrachée des mains de ses deux bourreaux, et lui avaient rendu la vie sans qu'elle pût dire comment cela s'était fait.

Le Japonais comprit quels étaient ces deux hommes dont parlait sa fille, et l'amena droit à Xavier, pour lui rendre des actions de grâces. Elle n'eût pas plus tôt aperçu le saint avec son compagnon Fernandez, qu'elle s'écria : « Voilà mes deux libérateurs ! » et au même instant la fille et le père demandèrent le baptême. Il ne s'était jamais rien vu de semblable parmi les Japonais, en sorte que cette résurrection donna au peuple une haute idée de Jésus-Christ, et rendit le nom de Xavier très fameux.

Les bonzes, voyant qu'ils ne gagnaient rien par leurs mensonges et leurs calomnies, et que les gens de qualité n'étaient guère moins charmés de la doctrine chrétienne que le peuple, n'osant d'ailleurs user de violence à cause des édits qui permettaient la profession du christianisme, imaginèrent un artifice tout nouveau : ce fut de se plaindre au roi même, de la part de tous les dieux du pays.

La conjoncture dans laquelle les bonzes parlèrent au roi

leur fut favorable. Il venait d'apprendre que les navires de
Portugal, qui prenaient terre ordinairement à Cangoxima,
avaient suivi la route de Firando, et il en avait un chagrin
extrême, non seulement parce que ses États ne profiteraient
point du commerce des Portugais, mais aussi parce que le
roi de Firando, son ennemi, en tirerait seul tout l'avantage.
Comme la bienveillance qu'il témoigna d'abord au père
Xavier n'eut presque pas d'autre principe que l'intérêt, il se
refroidit beaucoup pour lui dès qu'il sut une si mauvaise
nouvelle, et ce refroidissement le disposa à croire les bonzes.
Il leur accorda tout ce qu'ils voulurent, et défendit sous
peine de la vie à ses sujets de quitter l'ancienne religion du
Japon pour embrasser la nouvelle loi que les bonzes européens avaient publiée.

Quelque bonne disposition qu'il y eût dans l'esprit des
Cangoximains à l'égard de l'Évangile, les nouveaux édits
empêchèrent les idolâtres d'avoir commerce avec les trois religieux chrétiens. Ceux néanmoins dont Dieu avait déjà touché
le cœur et qui étaient baptisés, bien loin de manquer à
la grâce de leur vocation, y furent d'autant plus fidèles
que, n'étant guère plus de cent, ils se sentaient infiniment
redevables à la miséricorde divine de les avoir choisis pour
être de ce petit nombre. La persécution augmenta même
leur ferveur, et ils déclarèrent tous au père Xavier qu'ils
étaient prêts à souffrir l'exil et la mort pour l'honneur de
Jésus-Christ.

Quoique le père ne doutât pas de leur constance, il voulut
les fortifier par de bons discours avant de quitter une ville
et un royaume où il ne voyait nulle apparence d'étendre la
foi. Il les assemblait pour cela secrètement tous les jours :
après leur avoir lu certains passages de l'Écriture traduits
en japonais, et conformes à l'état où était l'Église naissante
de Cangoxima, il leur expliquait un des mystères de la vie
de Notre-Seigneur; et ses auditeurs étaient si pénétrés de
l'onction intérieure du Saint-Esprit, qu'ils l'interrompaient
à tout moment par leurs larmes et par leurs soupirs.

Xavier partit de Cangoxima au commencement de septembre de l'année 1550, avec Cosme de Torrez et Jean Fernandez, portant sur son dos, selon sa coutume, tout ce qui
était nécessaire au sacrifice de la messe. Avant son départ,
il recommanda les fidèles à Paul de Sainte-Foi. Ces néophytes, privés de prêtres, se maintinrent au milieu de

l'idolâtrie et parmi les persécutions des bonzes, sans que jamais un seul chancelât. Il arriva même que leur vie édifiante gagna plusieurs idolâtres; de sorte qu'en peu d'années le nombre des chrétiens fut de plus de cinq cents personnes, et que le roi de Saxuma écrivit au vice-roi des Indes pour avoir des pères de la compagnie qui publiassent en tout son royaume une loi si pure et si sainte.

Les nouvelles qu'on avait eues des navires portugais venus depuis peu au Japon firent prendre à Xavier le chemin de Firando, et la mauvaise intelligence qui était entre les deux rois lui fit espérer que le roi de Firando le recevrait bien, lui et ses deux compagnons.

Ils rencontrèrent sur la route une forteresse qui appartenait à un prince nommé Elkandono, vassal du roi de Saxuma. Des gens du château, qui revenaient de Cangoxima et qui avaient vu le père Xavier, l'invitèrent en chemin à venir saluer leur seigneur, ne doutant pas qu'Elkandono ne fût bien aise de voir un homme si célèbre.

Xavier, qui cherchait toutes les occasions de publier l'Évangile, ne perdit pas celle-là. Le bon accueil qu'on lui fit lui donna lieu de parler d'abord de la vraie religion et du salut éternel. Les domestiques du prince et les soldats de la garnison, qui étaient présents, furent si frappés de la sainteté qui éclatait sur le visage de l'apôtre et de la vérité qui brillait dans ses paroles, qu'après s'être éclaircis de leurs doutes, dix-sept demandèrent le baptême, et le père les baptisa de sa main en présence du *tono* : c'est ainsi que les Japonais appellent un seigneur et un prince particulier.

Les autres avaient la même pensée, et ils auraient reçu la même grâce, si Elkandono ne s'y fût opposé par politique et contre ses propres sentiments, pour ne pas s'attirer de méchantes affaires du côté de la cour de Saxuma; car dans le cœur il reconnut Jésus-Christ, et permit même à Xavier de baptiser en cachette sa femme et son fils aîné : du reste, il promit de recevoir le baptême et de se déclarer chrétien dès que son souverain serait favorable à la loi de Dieu.

Le saint et ses compagnons, étant partis, continuèrent leur chemin, tantôt par terre et tantôt par mer. Après beaucoup de fatigues souffertes gaiement et bien des périls essuyés, ils arrivèrent au port de Firando, terme de leur voyage. Les Portugais firent ce qu'ils purent pour

recevoir honorablement le père Xavier. On déchargea toute
l'artillerie à son arrivée, on déploya toutes les enseignes et
toutes les banderoles, on fit sonner toutes les trompettes, et
enfin tous les navires jetèrent des cris d'allégresse à la vue
de l'homme de Dieu. Il fut conduit malgré lui avec la même
pompe au palais du roi; et cette magnificence ne servit pas
peu à le faire considérer d'une cour païenne, qui sans cela
l'aurait peut-être méprisé, ne voyant en lui rien que de
simple et de pauvre.

Le roi de Firando, à qui les Portugais firent entendre
combien celui qu'ils lui présentaient était puissant auprès de
leur maître, le traita d'autant plus favorablement qu'il sut
que le roi de Cangoxima l'avait obligé de sortir de ses États;
car, pour faire plaisir à la couronne de Portugal et dépit à
celle de Cangoxima, il donna sur-le-champ aux trois religieux chrétiens un pouvoir très grand de publier la loi de
Jésus-Christ dans tout son royaume.

Ils allèrent aussitôt prêcher par la ville, et tout le peuple
courut entendre les bonzes d'Europe. Les premiers discours
de Xavier firent une grande impression sur les esprits, et en
moins de vingt jours il baptisa plus d'infidèles à Firando
qu'il n'avait fait en une année à Cangoxima.

La facilité que le saint trouva à réduire ces peuples sous
l'obéissance de la foi lui fit concevoir la pensée de leur
laisser Cosme de Torrez pour achever de les convertir, et
d'aller, lui, à Méaco, où il avait toujours eu dessein de se
rendre, comme à la capitale de l'empire, d'où la connaissance de Jésus-Christ se répandrait aisément dans tout le
Japon.

Il arriva à Méaco dans le mois de février l'an 1551. Le
nom de cette ville si fameuse, qui était le siège de l'empire
et de la religion, et où le cubo-sama, le dayri et le saço
tenaient leur cour, promettait de grandes choses à Xavier;
mais l'effet ne répondit pas aux apparences. Méaco, qui
signifie en japonais *chose digne d'être vue,* n'était plus
qu'une ombre de ce qu'elle avait été, tant la guerre et les
incendies l'avaient désolée. Tous les rois voisins s'étaient
ligués contre le cubo-sama, et l'on n'entendait partout que
le bruit des armes.

L'homme de Dieu tâcha d'avoir audience du cubo-sama
et du dayri; mais il ne put en venir à bout. Il ne put pas
même voir le saço ou souverain pontife de la religion japo-

naise. Pour lui ménager ces audiences, on lui demandait cent mille caixes, qui font six cents écus de notre monnaie, et il n'avait rien.

N'espérant plus rien de ce côté-là, il prêcha sur les places publiques avec l'autorité seule que Dieu donne à ceux qu'il envoie. Comme toute la ville était dans le trouble, et que chacun avait l'esprit occupé des pensées de guerre, on ne songea même pas à l'écouter, ou ceux qui l'écoutèrent en passant ne firent nulle réflexion à ce qu'il disait.

Aussi, après être demeuré quinze jours à Méaco inutilement, ne voyant aucune apparence d'y faire du fruit dans la confusion où les choses étaient, il eut la pensée de s'en aller à Amanguchi, sans croire pourtant son voyage à Méaco tout à fait perdu, non seulement parce qu'il avait beaucoup souffert, et que la souffrance est un vrai gain pour les hommes apostoliques, mais encore parce qu'il avait au moins prêché Jésus-Christ dans la ville du monde la plus idolâtre, et frayé le chemin à ses frères, qui devaient les années suivantes y établir le christianisme, selon la vue qu'il en eut dès lors.

Il s'embarqua donc sur une rivière qui tombe des montagnes voisines et qui vient baigner les murs de Méaco, puis va se perdre en un bras de mer qui s'étend vers Saçay. Dans sa route, il prit à Firando ce que le vice-roi des Indes et le gouverneur de Malacca l'obligèrent d'emporter au Japon : c'étaient une petite horloge sonnante, un instrument de musique assez harmonieux, et d'autres ouvrages d'art dont la rareté faisait tout le prix.

Dès qu'il fut à Amanguchi, ses présents lui obtinrent une audience du roi, et le firent recevoir agréablement. Oxindono, qui trouvait les ouvrages de l'Europe admirables, non content de remercier le père avec toutes les honnêtetés possibles, lui envoya le jour même une grosse somme d'or et d'argent pour marque de sa gratitude. Mais Xavier la refusa constamment, et ce refus le fit admirer du prince. « Que le bonze européen, disait Oxindono, est éloigné de l'avarice des nôtres, qui aiment le bien avec tant de passion, et qui ne pensent qu'à leurs intérêts ! »

Le lendemain, Xavier présenta au roi d'Amanguchi des lettres du gouverneur et de l'évêque des Indes, dans lesquelles la foi chrétienne était fort louée, et lui demanda pour toute grâce la permission de la publier, en l'assurant de nouveau que c'était là le seul motif de son voyage. Le roi, étonné de plus en plus de la générosité du père, lui permit de vive voix et par un édit public d'enseigner la loi de Dieu.

Outre cela, Oxindono leur assigna pour leur logement un ancien monastère de bonzes qui n'était point habité.

Ils n'y furent pas plus tôt établis, qu'un grand nombre de gens accoururent chez eux, les uns par politique et pour plaire au roi, les autres pour observer leur conduite et y trouver à redire, plusieurs par curiosité et y apprendre quelque chose de nouveau. Tous proposaient leurs doutes et disputaient avec tant de véhémence, que la plupart en étaient hors d'haleine. La maison ne désemplissait point, et ces visites continuelles prenaient tout le temps de l'homme de Dieu.

C'est au fort de tant d'interrogations dont le saint était accablé que, par un des plus étranges prodiges dont on ait jamais ouï parler, il satisfaisait d'une seule réponse plusieurs personnes qui l'interrogeaient sur des matières fort différentes et le plus souvent opposées, telles que sont l'immortalité de l'âme et le mouvement des cieux, les éclipses du soleil et de la lune et les couleurs de l'arc-en-ciel, le péché et la grâce, le paradis et l'enfer. Après les avoir écoutés tous, il leur répondait en peu de mots, et ses paroles, multipliées dans leurs oreilles par une vertu toute divine, leur faisaient entendre ce qu'ils désiraient savoir, comme s'il eût répondu à chacun en particulier. Ils s'aperçurent plusieurs fois de ce prodige et en demeurèrent si étonnés, que, se regardant les uns les autres tout hors d'eux-mêmes et regardant le père avec admiration, ils ne savaient que penser ni que dire.

Quand Xavier et son compagnon Fernandez furent un peu délivrés de ces premiers embarras, ils se mirent à prêcher deux fois par jour dans les places de la ville, en dépit des bonzes. Il y avait à Amanguchi sept ou huit religions opposées les unes aux autres, et chacune d'elles avait plusieurs partisans qui la défendaient comme la meilleure, de sorte que ces divers bonzes étaient toujours en dispute. Mais dès que le saint commença à publier la loi divine, toutes ces sectes s'accordèrent ensemble pour lutter contre leur ennemi commun. Elles n'osèrent pas néanmoins d'abord se déclarer ouvertement contre un homme à qui la cour était favorable,

Temple japonais.

et qui leur semblait avoir quelque chose au-dessus de l'humain.

Dieu rendit alors au père Xavier le don des langues, qui lui avait été donné dans les Indes en plusieurs occasions ; car, sans avoir jamais appris leur langue, il prêchait tous les matins en chinois aux marchands de la Chine trafiquant à Amanguchi, et qui y étaient en grand nombre. Il prêchait l'après-dîner aux Japonais, mais si facilement et si naturellement, qu'à l'entendre on ne l'aurait pas pris pour un étranger.

La force de la vérité, à laquelle les savants n'avaient pu rien opposer de raisonnable dans les disputes, la nouveauté des miracles que Xavier opéra en même temps, sa vie innocente et austère, l'esprit divin qui animait ses discours, tout cela fit tant d'impression sur les cœurs, qu'en moins de deux mois plus de cinq cents personnes furent baptisées : la plupart étaient des gens de qualité et des hommes de lettres qui avaient examiné à fond le christianisme et qui ne se rendaient que parce qu'ils ne pouvaient plus résister.

C'était une chose admirable, au rapport du saint, de voir qu'on ne parlait que de Jésus-Christ dans toute la ville, et que ceux qui avaient été les plus ardents à combattre la foi chrétienne la défendaient avec le plus de chaleur et la pratiquaient avec le plus d'exactitude. Ils aimaient tous tendrement le père François et ne pouvaient presque le quitter.

Une action de son compagnon contribua beaucoup à gagner ceux qui résistaient encore. Fernandez prêchait en un des lieux de la ville les plus fréquentés, et il y avait parmi ses auditeurs des gens d'esprit fort attachés à leur secte qui ne pouvaient concevoir les maximes de l'Évangile, et qui n'écoutaient le prédicateur que pour s'en moquer. Au milieu du sermon, un homme de la lie du peuple s'approcha de Fernandez comme pour lui dire un mot à l'oreille, et lui cracha au visage. Fernandez, sans dire un seul mot ni sans faire paraître aucune émotion, prit son mouchoir pour s'essuyer et continua tranquillement son discours. Chacun fut surpris de la modération du prédicateur : les plus méchants, qu'une telle insulte avait fait rire, tournèrent leur risée en admiration, et reconnurent de bonne foi qu'un homme qui était assez maître de ses passions pour se commander en ces rencontres avait beaucoup de courage et de grandeur d'âme.

Un des principaux de l'assemblée découvrit quelque autre chose dans cette patienc inébranlable. C'était le docteur le plus savant d'Amanguchi et le plus déclaré contre l'Évangile. Il pensa qu'une loi qui enseignait à être si patient et si insensible aux affronts ne pouvait venir que du Ciel. Ces réflexions, accompagnées des mouvements de la grâce, le touchèrent tellement, qu'aussitôt la prédication achevée, il confessa que la vertu du prédicateur l'avait persuadé : il demanda le baptême, et fut baptisé solennellement.

Une conversion si illustre eut des suites très heureuses. Plusieurs qui entrevoyaient la vérité, et qui craignaient de la connaître tout à fait, ouvrirent les yeux et reçurent la lumière de l'Évangile, entre autres un jeune homme de vingt-cinq ans qu'on estimait beaucoup pour la subtilité de son esprit, et qui avait étudié dans les plus fameuses académies du Japon. Il était venu à Amanguchi pour se faire bonze ; mais, ayant su que la secte des bonzes avec qui il voulait s'associer ne reconnaissait point de premier principe, que leurs livres n'en faisaient nulle mention, il changea de pensée et demeura fort irrésolu sur le choix d'un état de vie, jusqu'au moment où, convaincu par l'exemple du docteur et par les raisons de Xavier, il se fit chrétien. On lui donna le nom de Laurent, et c'est lui qui, ayant été reçu en la compagnie de Jésus par Xavier même, exerça d'abord le ministère de la prédication avec tant d'éclat et tant de succès, qu'il convertit une multitude innombrable de gens nobles et vaillants, qui furent depuis les colonnes de l'Église japonaise.

Au reste, les monastères des bonzes se dépeuplaient tous les jours peu à peu par la désertion des jeunes gens qui avaient encore des restes de pudeur et de probité. Ces jeunes bonzes découvraient à Xavier les mystères de leurs sectes, et lui faisaient connaître les abominations cachées aux yeux du public sous des apparences de sévérité.

Le père, qui ne ménagea plus rien avec des hommes qui haïssaient mortellement les fidèles et qui avaient seuls intérêt à empêcher l'établissement de la foi, publiait tout ce qu'on lui en disait, et les représentait au naturel. Ces hypocrites démasqués devenaient la risée du peuple ; mais ce qui les mortifiait davantage, c'est que ceux qui les avaient écoutés auparavant comme des oracles leur reprochaient hautement leur ignorance.

Les bonzes n'en furent pas quittes pour être l'objet des mépris de toute la ville; ils perdirent, avec leur crédit et leur réputation, les aumônes qui les faisaient vivre; de sorte que la plupart, sans avoir nulle disposition au christianisme, abandonnèrent leurs couvents pour ne pas mourir de faim, et changèrent leur profession de bonze en celle de soldat ou d'artisan; ce qui faisait dire aux chrétiens qu'il ne resterait bientôt de ces religieux idolâtres dans Amanguchi que ce qu'il en faudrait pour garder les monastères.

Les bonzes, voyant que le peuple déférait plus à l'autorité de Xavier qu'à la leur, et ne sachant comment réfuter leur adversaire, firent une intrigue à la cour pour perdre les chrétiens dans l'esprit du roi. On décria leur conduite, disant que c'étaient des gens de cabale, ennemis du bien public et de la personne du prince: de sorte qu'Oxindono, qui leur avait été si favorable et qui les aimait, changea tout à coup de sentiments.

Mais ni le changement du roi ni les calomnies des bonzes ne purent retarder les progrès de l'Évangile. Le nombre des fidèles monta en peu de jours à plus de trois mille dans Amanguchi, et ils étaient tous si fervents, qu'il n'y en avait pas un qui ne fût prêt non seulement à quitter son bien, mais encore à verser son sang pour la défense de la foi, au cas que le prince vînt à persécuter l'Église naissante avec le fer et le feu, comme on le croyait.

Xavier songeait à s'en retourner aux Indes pour choisir lui-même des ouvriers tels qu'en demandait le Japon; et son dessein était d'y revenir par la Chine, qu'il songeait à convertir; car, en traitant tous les jours avec les marchands chinois qui étaient à Amanguchi, il avait compris qu'une nation si polie et si sensée deviendrait aisément chrétienne; et d'ailleurs on lui faisait espérer que dès que la Chine serait convertie, le Japon se convertirait.

Après avoir recommandé les chrétiens au père Cosme de Torrez et au frère Jean Fernandez, qu'il laissa dans Amanguchi, Xavier se mit en chemin vers la mi-septembre de l'année 1551. Il pouvait faire ce voyage aisément par mer; mais il aima mieux aller par terre et à pied, selon sa coutume. Il prit pour compagnons Matthieu et Bernard; deux seigneurs chrétiens voulurent aussi le suivre. On avait confisqué leurs biens depuis peu de jours, en punition de ce qu'ils avaient reçu le baptême; mais la grâce de Jésus-

Christ, qui leur tenait lieu de tout, leur rendait leur pauvreté si précieuse, qu'ils s'estimaient bien plus riches qu'auparavant. Un autre chrétien nommé Laurent se joignit à eux.

Le père marcha gaiement avec ses cinq compagnons jusqu'à Pinlaschau, village distant de Figen d'une à deux lieues. En arrivant, il sentit toutes ses forces épuisées, trouva ses pieds fort enflés, et fut saisi d'un violent mal de tête, tellement qu'il ne put passer outre. Matthieu, Laurent et Bernard prirent les devants pour porter de ses nouvelles au navire qui devait l'emmener. Dès qu'Édouard de Gama, commandant de ce navire, sut que le saint homme était proche, il fit venir tous les Portugais qui trafiquaient à Fucheo ; et, ayant choisi les principaux, il monta à cheval avec eux pour aller lui rendre ses devoirs en cérémonie.

Xavier, qu'un peu de repos avait rétabli et qui se douta de l'honneur qu'on voulait lui faire, s'était déjà remis en chemin ; mais il n'évita pas tout à fait ce qu'il fuyait. La cavalcade le rencontra à un quart de lieue de Figen, marchant entre les deux seigneurs d'Amanguchi, qui ne l'avaient pas quitté, et portant lui-même son paquet. Gama fut surpris de voir en cet équipage un homme si considérable ; et, mettant pied à terre avec tous les siens, il le salua d'une manière très respectueuse. Après les premiers compliments, on pria le père de vouloir bien monter à cheval ; mais on ne put jamais l'y résoudre, de sorte que les Portugais firent suivre leurs chevaux, et marchèrent eux-mêmes à pied jusqu'au port.

Le navire était orné d'étendards et de banderoles, selon l'ordre qu'en avait donné le capitaine. Ceux qui y étaient demeurés paraissaient en armes sur les bords : ils firent leur décharge à la vue du saint, et toute l'artillerie joua aussitôt. Le bruit du canon s'entendit si distinctement à Fucheo, que le peuple en fut effrayé ; et le roi s'imagina que les Portugais étaient attaqués par des corsaires qui depuis peu ravageaient ces côtes. Pour s'en éclaircir, il dépêcha un des seigneurs de sa cour au capitaine du vaisseau.

Gama, montrant le père François au gentilhomme du roi de Bungo, lui dit que ce bruit qui avait alarmé la ville n'était qu'une légère démonstration de l'honneur que l'on devait à un si grand personnage, très chéri du Ciel et très estimé à la cour du Portugal. Le Japonais, qui ne voyait rien que de pauvre en la personne du père, et qui se souvenait de ce qu'on lui avait écrit d'Amanguchi, s'arrêta un peu sans parler ; puis, avec l'air d'un homme étonné : « Je suis bien en peine, dit-il, quelle réponse faire à mon prince ; car ce que vous venez de me dire ne s'accorde guère ni avec ce que je vois, ni avec ce que les bonzes d'Amanguchi assurent. Du reste, je crains que si je rapporte au roi ce que vous pensez de ce bonze, les nôtres ne passent ou pour des esprits peu éclairés, ou pour des envieux et des imposteurs. »

Alors Gama, prenant la parole, dit au gentilhomme japonais tout ce qu'il fallait pour lui inspirer une haute estime de la conduite du saint, et pour l'empêcher de concevoir du mépris de sa pauvreté. Sur ce dernier point, il lui déclara que celui qui semblait si méprisable en apparence était d'une noble extraction ; que la fortune l'avait fait riche, mais que la vertu le faisait pauvre, et que ce dénuement complet était l'effet d'une grande âme, qui méprisait ce que les hommes estiment le plus.

Un tel discours ravit d'admiration le Japonais ; il fit à son prince un rapport fidèle de ce qu'on lui avait dit, en ajoutant lui-même que les Portugais étaient plus heureux de posséder ce saint homme que si leur navire était plein de lingots d'or.

Le roi de Bungo avait déjà entendu parler du père François, et ne croyait pas ce que les bonzes d'Amanguchi en avaient écrit. C'était un prince de vingt-cinq ans, sage, généreux, civil, mais très emporté dans les plaisirs, selon la coutume des rois du Japon.

Ce qu'il apprit de son gentilhomme augmenta le désir qu'il avait de voir Xavier, et dès le jour même il lui écrivit en ces termes :

« Père bonze de Chemachicogin (c'est ainsi qu'ils ap-
« pellent le Portugal), que votre heureuse arrivée en mes
« États soit aussi agréable à votre Dieu que les louanges
« dont les saints l'honorent. Quasyonafama, mon domes-
« tique, que j'ai envoyé au port de Figen, m'a dit que vous
« étiez arrivé d'Amanguchi, et toute ma cour vous dira
« combien j'en ai eu de joie. Comme Dieu ne m'a pas fait
« digne de vous commander, je vous supplie instamment
« de venir avant le lever du soleil frapper à la porte de
« mon palais, où je vous attendrai avec impatience. Cepen-
« dant, prosterné par terre, je prie à genoux votre Dieu,

« que je confesse être le Dieu de tous les dieux, le souve-
« rain des plus grands et des meilleurs qui vivent au ciel ;
« je le prie, dis-je, de faire entendre aux superbes de ce
« siècle combien cette vie sainte et pauvre lui est agréable.
« Mandez-moi des nouvelles de votre santé pour me faire
« bien dormir la nuit, jusqu'à ce que les coqs m'éveillent
« en m'annonçant votre venue. »

Cette lettre fut portée par un jeune prince du sang royal,
suivi de trente jeunes seigneurs de la cour, et accompagné
d'un sage vieillard qui était son gouverneur, nommé Poomendono, homme des plus distingués du royaume, et frère
naturel du roi de Minato. L'honneur que les Portugais rendaient au père Xavier surprit tellement le prince, qu'il dit
tout haut à son gouverneur : « En vérité, il faut que le Dieu
de ces gens-là soit grand, et que ses décrets soient cachés
aux hommes, puisqu'il veut bien que les plus riches navires
obéissent à une personne aussi pauvre qu'est ce bonze des
Portugais, et que le bruit du canon fasse entendre que la
pauvreté a de quoi plaire au Seigneur de tout le monde,
cette pauvreté si abjecte d'elle-même et si honteuse dans
l'opinion commune, qu'il semble que ce soit un péché
énorme même d'y penser. — Bien que nous ayons horreur
de la pauvreté, repartit Poomendono, et que nous croyions
les pauvres incapables d'être heureux, il peut se faire que ce
pauvre estime tant sa pauvreté, qu'elle soit agréable au
Dieu qu'il sert, et que, la pratiquant dans toute la rigueur
possible pour l'amour de son Dieu, il soit plus riche qu'aucun
homme de la terre. »

Le jeune ambassadeur, étant retourné à la cour, témoigna
au roi avec quel respect on avait reçu sa lettre, et entreprit
de lui persuader que le bonze de l'Europe devait être traité
bien autrement que les bonzes ordinaires, jusqu'à dire que
ce serait un grand péché de le confondre avec eux ; qu'au
reste il n'était pas pauvre au point que ses amis disaient :
que le capitaine et les marchands portugais lui donneraient
de bon cœur leur navire et tous leurs trésors, s'il en voulait,
et qu'ainsi on ne pouvait pas appeler pauvre celui qui a
autant de richesses qu'il en veut.

Cependant les Portugais s'étant assemblés pour régler
comment le père Xavier paraîtrait le lendemain à la cour,
tous furent d'avis qu'il y parût avec le plus de magnificence
et de pompe qu'il se pourrait. Il s'opposa d'abord à leur sen-

timent par l'horreur qu'il avait du faste, si peu convenable à son état religieux ; mais il se rendit ensuite aux prières, et encore plus aux raisons de l'assemblée.

Ils disposèrent donc tout en diligence pour l'entrée du saint, et partirent le lendemain avant le jour dans un très bel équipage. Ils étaient trente Portugais distingués, habillés d'étoffes fort riches, portant des chaînes d'or et parés de pierreries. Les valets et les esclaves, bien vêtus aussi, accompagnaient leurs maîtres. Le père François avait une soutane de camelot noir et un superbe pardessus, avec une étole de velours vert, garnie de brocart d'or. La chaloupe et les deux barques, où ils se mirent pour aller du navire à la ville par la rivière qui y conduisait, étaient couvertes sur les bords des plus beaux tapis de la Chine, et environnées de bannières de soie de toutes couleurs. Il y avait dans la chaloupe et dans les barques des trompettes, des flûtes, des hautbois et d'autres instruments de musique, qui, mêlés ensemble, faisaient une très agréable symphonie.

La nouvelle qui se répandit dans Fucheo, que le grand bonze de l'Europe y devait venir le matin, attira plusieurs gens de condition sur le rivage, et tant de monde accourut en foule au bruit des trompettes, que les Portugais eurent de la peine à descendre.

Quansyadono, capitaine de Canafama et un des principaux de la cour, les attendait par ordre du roi. Il reçut le saint très civilement, et lui offrit une litière pour se rendre au palais. Mais Xavier la refusa et marcha avec toute sa suite en ordre. Édouard de Gama allait le premier, tête nue et une canne à la main, comme l'écuyer et le majordome du père. Cinq autres Portugais le suivaient, et c'étaient les plus considérables du navire ; l'un portait un livre dans un sac de satin blanc ; l'autre, une canne de Bengale garnie d'or ; le troisième, des mules de chambre d'un beau velours noir, telles qu'en mettaient des personnes de la première qualité ; le quatrième portait un tableau de Notre-Dame enveloppé d'une écharpe de damas violet ; et le cinquième, un parasol magnifique. Le père marchait après dans l'habillement que nous avons dit, avec un air également majestueux et modeste. Le reste des Portugais venait ensuite ; et, à voir leur contenance, leur parure et leur train, on les aurait pris pour des seigneurs, plutôt que pour des marchands.

Étant arrivés sur la place qui est devant le palais du roi,

5*

ils y trouvèrent six cents de ses gardes, les uns armés de
lances, les autres de dards, tous avec de beaux cimeterres
et de riches habits. Ces gardes s'avancèrent en bon ordre
vers le saint, puis se séparèrent en deux rangs pour lui
ouvrir le passage au milieu d'eux.

Dès qu'on eut gagné le palais, les Portugais qui mar-
chaient immédiatement devant le père Xavier se tournèrent
vers lui et le saluèrent respectueusement. L'un lui offrit la
canne de Bengale, et l'autre les mules de velours. Celui qui
avait le parasol l'étendit sur la tête du saint homme, et les
deux autres, qui portaient le livre et le tableau, se mirent
à ses côtés. Tout cela se fit de si bonne grâce et d'une manière si honorable pour Xavier, que les seigneurs présents
en furent ravis, et on les entendit dire que le père François
n'était pas ce qu'avaient faussement prétendu les bonzes,
mais que c'était sans doute un homme venu du ciel pour
confondre leur envie et pour abattre leur orgueil.

Après qu'on eut traversé une longue galerie, on entra
dans une grande salle pleine de gens qui, à leurs habits de
damas rehaussés d'or et ornés de belles figures, paraissaient
de la plus haute qualité. Là un jeune enfant qu'un vénérable vieillard tenait par la main, s'étant approché du père,
le salua en ces termes : « Que ton arrivée à la maison du
roi mon seigneur lui soit aussi agréable que l'est l'eau du
ciel aux laboureurs dans une extrême sécheresse ! Entre
sans crainte, continua-t-il, car je t'assure que les gens de
bien t'aiment, quoique les méchants no te puissent voir
sans crainte, et que leur visage à ta vue soit comme une
nuit sombre et orageuse. »

Xavier répondit selon que le demandait l'âge de celui qui
faisait le compliment. De là ils passèrent dans une autre
salle, où étaient plusieurs gentilshommes vêtus très super-
bement. Au moment où le père entra, tous s'inclinèrent
trois fois profondément jusqu'à toucher la terre de leur
front. Ensuite deux se détachèrent de la troupe pour lui
témoigner au nom de tous la joie qu'ils avaient, et l'un
parla de la sorte : « Que votre arrivée, père bonze saint,
soit aussi agréable à notre roi que l'est le rire d'un petit enfant à sa mère qui le tient entre ses bras; et cela sera assurément, car nous vous jurons par les cheveux de nos têtes
que tout, jusqu'à ces murailles qui semblent tressaillir d'allégresse en votre présence, nous excite à vous bien recevoir

et à nous réjouir de votre venue, qui tournera sans doute à la gloire de ce Dieu dont vous avez dit de si grandes choses dans Amanguchi. »

Après ce compliment, les jeunes seigneurs voulurent suivre le père ; mais l'enfant dont nous venons de parler, que Xavier tenait par la main, leur fit signe de s'arrêter. On entra sur une terrasse toute bordée d'orangers, et de là on passa dans une salle beaucoup plus spacieuse que les deux autres : Facharandono, frère du roi, était là avec une suite magnifique. Ayant fait au saint toutes les civilités qui se font d'ordinaire aux grands du Japon, il lui dit que ce jour était le plus solennel de l'année pour la cour de Bungo, et que le roi son seigneur s'estimait plus riche et plus heureux de l'avoir dans son palais que s'il possédait tout l'argent des trente-deux trésors de la Chine.

Alors l'enfant qui conduisait le père Xavier le mit entre les mains de Facharandono, et se retira un peu à l'écart ; ils entrèrent dans l'antichambre du roi, où les principaux seigneurs du royaume attendaient le saint. Après avoir été reçu d'eux d'une manière très civile, il fut enfin introduit à l'audience dans une chambre où l'or éclatait de tous côtés. Le roi, qui était debout, fit cinq à six pas dès qu'il vit paraître le père, et s'inclina ensuite jusqu'à terre par trois fois, de quoi toute la compagnie fut fort étonnée.

Xavier, de son côté, se prosterna devant le roi et voulut lui toucher le pied, selon l'usage du pays ; mais celui-ci ne le permit pas et releva lui-même Xavier ; puis, le prenant par la main, le fit asseoir auprès de lui sur la même estrade. Le prince son frère était assis au-dessous, et les Portugais étaient vis-à-vis d'eux, avec les personnes les plus remarquables que la cour. Le roi dit d'abord au père tout ce qui peut se dire d'honnête ; et, quittant l'orgueil de la majesté royale dont les rois du Japon ne se défont jamais en public, il le traita familièrement comme son ami particulier.

Le prince et le saint continuèrent leur entretien sur divers articles de la religion jusqu'à l'heure du dîner. Quand on eut servi, le prince invita Xavier à manger avec lui. Xavier s'en défendit par toutes les raisons imaginables ; mais le prince, qui le voulait absolument : « Je sais bien, dit-il, mon ami et mon père, que vous n'avez pas besoin de ma table ; mais si vous étiez Japonais comme nous, vous sauriez qu'un roi ne peut donner aux gens qu'il chérit une plus

grande marque de son amitié qu'en les faisant manger avec
lui ; c'est pourquoi, comme je vous aime et que je veux
vous le témoigner, il faut que vous dîniez avec moi, et je
prétends bien par là recevoir plus d'honneur que vous. »

Alors Xavier, s'inclinant profondément, baisa le cime-
terre du roi, ce qui se pratique au Japon pour marquer le
respect. Il lui dit ensuite : « Je prie de tout mon cœur le
Seigneur du ciel de reconnaître pour moi tant de faveurs,
en donnant à Votre Majesté les lumières de la foi et les vertus
du christianisme, afin qu'elle serve Dieu fidèlement durant
sa vie, et qu'elle en jouisse éternellement après sa mort. »
Le roi l'embrassa et demanda à Dieu de son côté que les
prières du saint fussent exaucées, à condition néanmoins
qu'ils seraient au ciel toujours ensemble, et qu'ils ne se
sépareraient jamais l'un de l'autre, pour pouvoir parler
longtemps et à fond des choses divines.

Enfin ils se mirent à table. Tandis qu'ils mangeaient, les
Portugais et tous les seigneurs de la cour étaient à genoux
avec les gens de la ville, parmi lesquels il y avait quelques
bonzes qui enrageaient dans leur cœur.

Ces honneurs que Xavier reçut du roi de Bungo lui ac-
quirent tant de considération et tant de confiance parmi le
peuple, que, dès qu'il fut à la maison des Portugais, on vint
de tous côtés pour l'entendre parler de Dieu. Ses prédications publiques, ses conversations particulières ne furent
pas sans effet. Une multitude innombrable de gens renonça
d'abord aux idoles et professa Jésus-Christ. Le saint passait
les journées entières à baptiser les idolâtres ou à instruire
les nouveaux fidèles.

Tandis qu'il obtenait ces succès dans la capitale de Bungo,
Cosme de Torrez et Jean Fernandez souffraient pour la foi
dans Amanguchi. Après le départ du saint, toute la nation
des bonzes s'éleva contre eux, et entreprit de les confondre
dans des disputes réglées, se flattant que les compagnons de
Xavier n'étaient pas si instruits que lui, et jugeant d'ailleurs
que le moindre avantage qu'on aurait sur eux rétablirait les
affaires du paganisme.

Il en arriva tout autrement que les bonzes ne pensaient.
Torrez, à qui Fernandez servait d'interprète, répondit à
leurs questions avec tant de force, qu'ils en demeuraient
confus. Ne pouvant le vaincre par leurs raisonnements, ils
tâchèrent de le décrier par leurs calomnies, en faisant courir

Salut japonais.

le bruit que les compagnons du grand bonze du Portugal égorgeaient la nuit de petits enfants, suçaient leur sang et mangeaient leur chair; que le démon avait déclaré par la bouche d'une idole que ces deux Européens étaient ses disciples, et que c'était lui qui leur enseignait les réponses si subtiles que l'un d'eux faisait dans les disputes publiques.

Outre cela, quelques-uns des bonzes juraient avoir vu de leurs yeux un démon qui lançait des traits de feu, comme autant de foudres, contre le palais du roi, en punition, disaient-ils, de ce qu'on avait reçu dans la ville des prédicateurs de la loi nouvelle.

Mais s'apercevant que toutes ces inventions ne leur réussissaient pas et que le peuple se moquait d'eux au lieu de les croire, pour se venger et pour vérifier leur version en même temps, ils engagèrent un seigneur du royaume, grand homme de guerre et mécontent de la cour, à prendre les armes. Ce seigneur, excité tout à la fois par des motifs de ressentiment, d'intérêt et de religion, leva une armée en moins de trois semaines avec le secours des bonzes, et vint fondre sur Amanguchi.

Le roi, qui n'était point en état de donner bataille et de soutenir un long siège, et qui craignait tout de ses sujets, dont il était détesté, perdit tellement courage, qu'il ne trouva point d'autre ressource pour lui que la mort; appréhendant la honte de tomber entre les mains des rebelles, il tua son fils, et s'ouvrit lui-même le ventre avec un couteau, après avoir ordonné à un de ses fidèles domestiques de brûler leurs corps aussitôt après leur mort, et de ne laisser pas même leurs cendres au pouvoir de l'ennemi.

Tout fut mis à feu et à sang dans la ville. Pendant ce désordre, des soldats poussés par les bonzes cherchèrent Torrez et Fernandez pour les massacrer; ils auraient péri tous deux infailliblement si une femme païenne ne les eût tenus cachés dans son palais jusqu'à ce que la tranquillité publique fût rétablie.

Il y avait plus de quarante jours que Xavier était à Fucheo, quand les marchands portugais se disposèrent à faire voile vers la Chine. Ayant pris congé du roi, il se rendit au port de Figen. Le prochain départ du saint donnait de la joie aux bonzes; mais la gloire avec laquelle il partait leur faisait beaucoup de dépit. Il leur semblait que tous les honneurs qu'il avait reçus tournaient à leur honte, et qu'après un tel affront ils demeureraient éternellement dans l'opprobre, s'ils n'en tiraient au plus tôt une vengeance éclatante. S'étant assemblés pour délibérer sur une affaire si importante, ils conclurent que le meilleur expédient était de soulever le peuple dans Fucheo, comme on avait fait dans Amanguchi, d'abandonner au pillage les marchandises des Portugais, de mettre le feu à leur navire, et de les faire tous passer au fil de l'épée ; ensuite, si l'occasion était favorable, d'attenter à la personne du roi et d'éteindre dans le sang toute la famille royale.

Comme Xavier était en vénération dans la ville, même parmi les idolâtres les plus vicieux, ils crurent qu'ils ne feraient rien s'ils ne détruisaient la bonne opinion et la haute idée qu'on avait de lui. Ils se mirent donc à publier que c'était le plus méchant homme de la terre, ennemi des vivants et des morts, qui déterrait la nuit des cadavres pour faire ses enchantements, et qu'il avait un démon dans la bouche avec lequel il charmait le monde.

Ils ajoutaient qu'il avait jeté un sort sur le roi, et que c'était la cause de l'entêtement du prince ; mais que, si le roi ne devenait raisonnable, il n'y allait pas moins que de sa couronne et de sa vie ; que si le peuple était sage, il se précautionnerait de bonne heure contre la colère du ciel, en vengeant l'honneur des dieux sur ce faux bonze et sur ces corsaires qui en faisaient leur idole.

Le peuple était trop persuadé de la sainteté du père Xavier pour croire des choses si peu vraisemblables, et tout ce que les bonzes purent dire ne servit qu'à les rendre plus odieux. Aussi, désespérant d'animer la populace contre lui, ils furent contraints de prendre un autre parti pour le perdre au moins de réputation dans l'esprit du roi.

Il y avait à douze lieues de la ville un célèbre monastère de bonzes, dont le chef se nommait Fucarandono ; c'était un homme consommé dans toutes les sciences japonaises, et qui avait enseigné trente ans les mystères de la religion païenne dans la plus fameuse académie du royaume ; mais, quelque docte qu'il fût, son autorité surpassait de beaucoup sa doctrine : on l'écoutait comme l'oracle du Japon, et on le croyait aveuglément sur parole.

Les bonzes de Fucheo s'imaginèrent que s'ils pouvaient le faire venir dans la ville et le mettre aux prises avec Xavier en présence de toute la cour, leur honneur serait rétabli,

tant la défaite du bonze du Portugal leur paraissait infail-
lible. Ils écrivirent pour cela à Fucarandono, et lui man-
dèrent que, s'il prenait la peine de faire ce petit voyage pour
venger l'injure qu'ils avaient reçue, ils le reporteraient en
triomphe sur leurs épaules dans son monastère.

Ce bonze, qui avait encore plus de vanité que de savoir,
vint en diligence, accompagné de six bonzes très savants,
ses inférieurs et ses disciples. Il se rendit au palais justement lorsque Xavier avait audience du roi, auquel il était
venu dire le dernier adieu pour partir le lendemain. Avant
que le prince les eût congédiés, on l'avertit que Fucarandono
demandait à saluer Sa Majesté en présence du bonze de
Portugal. Au nom de Fucarandono, le roi parut interdit et
demeura un instant sans répondre, se doutant que le bonze
venait défier le père François, et cherchant en lui-même,
comme il l'avoua depuis, le moyen de rompre ce contre-
temps ; car, quelque idée qu'il eût de la capacité du saint
homme, il ne le croyait pas assez fort pour un si terrible
adversaire, et il ne voulait pas l'exposer à recevoir une confusion publique.

Xavier, qui s'aperçut de son embarras et qui en devina
la cause, le supplia instamment de permettre au bonze
d'entrer et de dire tout ce qu'il voudrait ; « car, pour ce
qui me regarde, ajouta Xavier, vous ne devez point, seigneur, vous en mettre en peine. La loi que je prêche n'est
pas une science des académies de la terre, ni une invention
de l'esprit humain ; c'est une doctrine toute céleste, et dont
Dieu seul est le maître. Tous les bonzes du Japon ni tous
les savants du monde ne peuvent pas plus contre elle que
les ombres de la nuit contre la lumière du soleil. »

Le roi, à la prière du saint, permit que le bonze entrât.
Fucarandono, après avoir fait au roi les trois révérences
accoutumées, s'assit auprès de Xavier, et l'ayant regardé
fixement : « Je ne sais, lui dit-il avec un air suffisant, si tu
me connais, ou, pour mieux dire, si tu me reconnais. —
Je ne me souviens pas de vous avoir jamais vu, » répondit
Xavier. Alors le bonze éclatant de rire, et se tournant vers
ses compagnons : « Je vois bien, leur dit-il, que je n'aurai
pas de peine à vaincre un homme qui a traité avec moi plus
de cent fois, et qui fait semblant de ne m'avoir jamais vu. »
Ensuite regardant Xavier avec un sourire de mépris : « Ne
te reste-t-il rien, poursuivit-il, des marchandises que tu

m'as vendues au port de Frenajoma ? — En vérité, répliqua
Xavier avec un visage toujours serein et modeste, je n'ai de
ma vie été marchand, et je n'ai jamais vu Frenajoma. —
Oh ! quel oubli, reprit le bonze faisant l'étonné et conti-
nuant ses éclats de rire : quoi ! se peut-il faire que tu aies
oublié cela ? — Rappelez-m'en le souvenir, repartit doucement le père, vous qui avez plus d'esprit et plus de mémoire
que moi. — Je le veux bien, dit le bonze, tout fier de la
louange que Xavier lui avait donnée. Il y a aujourd'hui
mille cinq cents ans tout juste que toi et moi, qui étions
marchands, faisions notre trafic à Frenajoma, et que j'achetai
de toi cent pièces de soie à très bon marché : t'en souvient-il
maintenant ? »

Le saint, qui jugea où allait le discours du bonze, lui
demanda honnêtement quel âge il avait. « J'ai cinquante-
deux ans, dit Fucarandono. — Comment se peut-il faire,
reprit Xavier, que vous fussiez marchand il y a quinze
siècles, s'il n'y a qu'un demi-siècle que vous êtes au monde ?
Et comment trafiquions-nous en ce temps-là, vous et moi,
dans Frenajoma, si la plupart de vous autres bonzes ensei-
gnez que le Japon n'était qu'un désert il y a mille cinq
cents ans ? »

Fucarandono demeura muet, et, pour sauver un peu son
honneur, il changea de question. Mais bientôt, oubliant
toutes les bienséances, il avança des propositions si infâmes,
que le roi et les seigneurs de la cour en furent indignés.

Comme le bonze s'emportait en cris et en injures qui
sentaient bien plus la querelle que la controverse, un des
seigneurs présents lui dit en riant : « Si vous aviez envie
de combattre, que n'alliez-vous au royaume d'Amanguchi,
où la guerre est allumée ? Vous auriez trouvé là avec qui
vous casser la tête : pourquoi venir ici, où tout est en paix ?
— Si vous êtes venu pour disputer, ajouta un autre, que
ne le faites-vous d'une manière douce et honnête, à l'exemple
du bonze européen ? »

Ces moqueries et ces reproches n'apaisèrent pas Fucarandono. Il repartit aux seigneurs avec tant de hardiesse et
de fierté, que le roi, fatigué de ses insolences, le fit chasser
de la salle, jurant que, s'il n'était bonze, il lui en coûterait
la vie.

L'affront que reçut Fucarandono fut pris par les bonzes
de la ville pour une injure faite aux dieux. Aussi publièrent-

ils que la religion était profanée, et que le roi, avec toute sa cour et tout le peuple, avait encouru la haine du Ciel. Ils fermèrent pour cela les temples, et ne voulurent plus ni offrir de sacrifice, ni même recevoir d'aumônes. La populace, qu'on n'avait pu émouvoir auparavant, commença à se mutiner, et elle aurait pris les armes si le prince n'eût, par sa prudence, calmé un peu les esprits.

Cependant les Portugais, ne se croyant pas assurés contre la fureur d'un peuple superstitieux, et ayant sujet de craindre qu'on ne se vengeât sur leurs personnes de l'affront reçu par Fucarandono, retournèrent en diligence à leur navire, dans le dessein de faire voile au premier vent. En quittant la ville, ils prièrent le père Xavier de les suivre; mais il ne put se résoudre à sortir comme un fugitif, ni à laisser les chrétiens, dont les bonzes avaient juré la ruine.

Quelque impatience qu'eussent ces marchands de s'éloigner d'un pays où leur vie n'était pas en sûreté, la crainte qu'ils eurent pour celle du père François les retint encore quelques jours. Pendant ce temps-là Xavier eut plusieurs conférences publiques avec Fucarandono et les bonzes. Ils tâchèrent de l'embarrasser par des questions insidieuses, des arguments subtils; mais, fort de la vérité et guidé par la grâce, le père mit dans ses réponses tant de clarté, de raison et de douceur, que le roi et le peuple, qui étaient témoins de ces discussions, reconnurent le triomphe de la foi chrétienne sur les impostures du paganisme. Les bonzes, confus et ne sachant plus que répondre, étaient furieux.

Le roi, indigné de l'emportement et de l'obstination des bonzes, leur dit presque avec colère : « Pour moi, autant que je suis capable d'en juger, je trouve que le père François parle avec bon sens, et que vous autres ne savez ce que vous dites. »

S'étant levé après ces paroles, il prit Xavier par la main et le ramena jusqu'à son logis. Les gens qui suivaient en foule chantaient les louanges du saint homme, tandis que les bonzes, outrés de dépit et transportés de fureur, criaient tout haut : « Que le feu du ciel tombe sur un prince qui se laisse séduire si facilement par un enchanteur étranger ! »

Le père Xavier partit du Japon le lendemain, 20 novembre 1551, après y être resté deux ans et quatre mois.

Outre les deux Japonais Matthieu et Bernard, qui avaient

toujours suivi le père et qui ne voulurent point le quitter, un ambassadeur du roi de Bungo s'embarqua avec lui sur le vaisseau portugais.

Ils naviguèrent le long des côtes durant six jours ; mais bientôt une furieuse tempête porta le navire dans une mer inconnue aux Portugais et aux Indiens ; le ciel était si noir, que pendant cinq jours et cinq nuits on ne vit ni soleil ni étoiles, tellement que les marins ne pouvaient prendre la hauteur pour savoir où ils étaient.

Un soir, le vent redoubla au point que le vaisseau n'avait pas la force de rompre les vagues, tant elles étaient hautes et venaient avec furie. Dans une conjoncture si fâcheuse, afin que le vaisseau obéît mieux au gouvernail, on attacha au navire avec de gros câbles la chaloupe qui suivait. Mais la nuit étant survenue pendant ce travail, et une nuit très obscure, avec une pluie épouvantable, on ne put tirer de la chaloupe cinq Portugais et dix Indiens, tant esclaves que matelots.

Lorsque la nuit était la plus noire, on entendit un cri lamentable, comme de gens qui se croient perdus et qui demandent du secours. Le bruit venait de la chaloupe, que la violence du vent avait détachée du vaisseau et que les flots emportaient.

Dès que le capitaine s'en fut aperçu, il ordonna au pilote de tourner vers ces malheureux, sans considérer qu'en voulant sauver son neveu Alphonse Calvo, qui était un des cinq Portugais de la chaloupe, il faisait périr le navire, et qu'il se perdait lui-même. En effet, comme le navire était difficile à gouverner, quand on voulut le tourner du côté de la chaloupe, il demeura de travers et penché entre deux montagnes d'eau, dont l'une tomba sur la poupe et inonda le tillac. En ce moment, tous crurent que c'en était fait d'eux, et ce ne furent que cris et larmes.

Xavier, qui était en prière dans la chambre du capitaine, accourut au bruit et vit un spectacle pitoyable : le vaisseau, près d'être submergé, et les matelots, les soldats et les passagers, tous pêle-mêle les uns sur les autres, déplorant leur malheureuse destinée, et n'attendant plus que la mort.

Alors le saint homme, levant les yeux et les mains au ciel, dit tout haut, dans un transport de ferveur : « Jésus, l'amour de mon âme, secourez-nous, je vous en prie par

les cinq plaies que vous avez reçues pour nous sur la croix. »
Aussitôt le navire, qui coulait déjà à fond, se releva de lui-
même et gagna le dessus de l'eau. Les matelots, encou-
ragés par un miracle si visible, disposèrent tellement les
voiles, qu'ils prirent le vent en poupe et se remirent sur
leur route.

Cependant la chaloupe disparut, et personne ne douta
qu'elle n'eût été engloutie dans les flots. Le capitaine pleura
son neveu; les autres regrettèrent leurs compagnons. Pour
le père, ce qui l'affligeait davantage, c'était la perte de
deux esclaves mahométans qui n'avaient pas voulu se faire
chrétiens. Il gémit sur leur état malheureux ; mais dans
ces sentiments, rentrant en lui-même, ou plutôt se recueil-
lant tout en Dieu, il eut la pensée d'implorer la protection du
Ciel sur la chaloupe, au cas qu'elle ne fût pas encore abîmée.

Il suivit l'inspiration du Saint-Esprit, et sa prière n'était
pas finie, qu'il se sentit exaucé; si bien que, se tournant
vers Édouard de Gama, qui était extrêmement triste : « Ne
vous affligez pas, mon frère, lui dit-il d'un visage gai, avant
trois jours la fille viendra joindre la mère. » Il entendait
que la chaloupe rejoindrait le navire, et il s'expliqua.

Le capitaine, occupé de sa douleur, voyait trop peu
d'apparence à ce que le père disait pour y ajouter foi. Il
ne laissa pas, dès la pointe du jour, de faire monter sur la
hune, pour voir si l'on découvrait quelque chose ; mais on
ne vit rien que la mer toujours fort émue et toute blanche
d'écume.

Le père, qui s'était retiré pour faire oraison, revint deux
heures après, la même gaieté sur le visage, et leur demanda
si l'on n'avait point vu la chaloupe ; on lui répondit que
non, et comme il souhaitait qu'on montât à la hune, un
des Portugais, nommé Pierre Veglio, lui dit brusquement :
« Oui, mon père, la chaloupe reviendra, mais quand il
s'en sera perdu une autre. » Il voulait dire qu'elle ne revien-
drait jamais.

Xavier reprit doucement Veglio de son peu de foi, et lui
fit entendre que rien n'était difficile à la main toute-puis-
sante de Dieu. « La confiance que j'ai en la divine miséricorde, dit-il, me fait espérer que les personnes que j'ai
mises sous la protection de la sainte Vierge, et pour qui j'ai
fait vœu de dire trois messes à Notre-Dame-du-Mont, ne
périront point. »

Il pressa ensuite le capitaine de faire monter à la hune pour voir si la chaloupe ne paraissait point. Gama, pour contenter le serviteur de Dieu, y monta lui-même avec un matelot; et, après avoir regardé attentivement de tous côtés durant une demi-heure, ils ne virent rien ni l'un ni l'autre.

Cependant Xavier, dont l'agitation du vaisseau avait troublé l'estomac, et qui avait été deux jours et trois nuits sans manger ni dormir, fut attaqué de maux de tête très violents et eut de si grands vertiges, qu'à peine pouvait-il se soutenir. Un des marchands portugais le pria de se reposer un peu, et lui offrit pour cela sa chambre. Xavier, qui par esprit de mortification couchait ordinairement sur le tillac, accepta son offre, et demanda, pour comble de grâce, qu'un valet chinois du marchand se tînt devant la porte de la chambre, afin que personne ne l'interrompît.

Le dessein du père n'était pas de donner du soulagement à son corps; il se remit en prière, et l'on sut du valet chinois que, depuis sept heures du matin jusqu'au soir, il avait été à genoux, poussant des soupirs et versant des larmes. Il sortit de sa retraite après le soleil couché, et redemanda au pilote si l'on n'avait point découvert la chaloupe, qui ne pouvait être guère éloignée. Le pilote repartit qu'il n'y fallait plus penser, et qu'il n'était pas possible qu'elle eût résisté à une si furieuse tempête, mais que, quand elle aurait échappé au péril par hasard, ou que Dieu l'aurait sauvée par miracle, elle serait à plus de cinquante lieues de leur bord, et qu'il y aurait de la témérité à croire qu'elle pût revenir.

Xavier, sans avoir égard au rapport du pilote, pria instamment le capitaine de faire abaisser les voiles, pour donner le temps à la chaloupe de regagner le navire. L'autorité du saint l'emporta sur les raisons du pilote, et l'on s'arrêta près de trois heures; mais enfin les passagers se lassèrent, ne pouvant souffrir davantage le balancement du vaisseau; et chacun cria : « A la voile! » Le père leur reprocha leur impatience, se saisit lui-même de l'antenne pour empêcher les matelots de tendre les voiles, et, penchant la tête dessus, éclata en soupirs et en sanglots.

Il se releva un peu après, et tenant les yeux attachés au ciel : « Jésus, mon Seigneur et mon Dieu, dit-il d'un ton pathétique, je vous conjure par les souffrances de votre passion d'avoir pitié de ces pauvres gens qui viennent à nous à travers tant de périls. » Il demeura ensuite appuyé sur l'antenne sans dire mot pendant quelque temps, comme s'il eût été endormi.

Alors un enfant qui était assis au pied du mât s'écria tout à coup : « Miracle ! miracle ! voilà la chaloupe ! » Tout le monde s'amassa au cri de l'enfant, et l'on vit effectivement la chaloupe à une portée de mousquet. Ce ne furent qu'exclamations et cris de joie tandis qu'elle approchait du vaisseau. Cependant la plupart se jetèrent aux pieds de Xavier, lui demandant pardon de leur incrédulité. Mais le père, confus de se voir traiter de la sorte, s'échappa de leurs mains le plus tôt qu'il pût, et alla s'enfermer dans une chambre.

Enfin la chaloupe gagna le navire.

Dès qu'on eut embrassé ces hommes qu'on croyait perdus, on voulut savoir leur aventure ; et l'on fut bien surpris d'apprendre qu'ils étaient venus au milieu de la plus horrible tempête qui se vit jamais, sans craindre ni de périr ni de s'égarer ; parce que, disaient-ils, le père François était leur pilote, et que sa présence ne leur laissait pas la moindre inquiétude. Comme les gens du navire soutenaient que le père ne les avait point quittés, ceux de la chaloupe, qui l'avaient vu toujours auprès d'eux tenant le gouvernail, ne pouvaient croire ce qu'on leur disait. Après un peu de contestation, les uns et les autres jugèrent que le saint avait été en même temps en deux endroits, et un miracle si visible fit tant d'impression sur l'esprit des deux esclaves sarrasins de la chaloupe, qu'ils abjurèrent le mahométisme.

L'impatience qu'avaient les quinze hommes de voir celui qui les avait conduits si heureusement, et qui s'était évanoui de leurs yeux au moment où ils avaient joint le navire, obligea Xavier de paraître. Ils voulurent le saluer comme leur libérateur en se prosternant devant lui ; mais il ne le souffrit pas, et leur déclara que c'était la main du Seigneur et non pas la sienne, qui les avait sauvés du naufrage. En même temps il rendit à Dieu de publiques actions de grâces pour une faveur si extraordinaire, et ordonna au pilote de disposer tout pour continuer leur voyage, en l'assurant qu'ils auraient bientôt le vent favorable.

On n'eut pas plus tôt tendu les voiles, qu'un vent du nord

se leva; l'air s'éclaircit, et la mer se calma entièrement; de sorte qu'en treize jours de navigation ils gagnèrent le port de Sancian, où les marchands portugais du navire tenaient leur commerce. Comme la saison de naviguer dans ces mers se passait, il n'y avait plus là que deux navires des Indes. Le saint monta dans celui de son ami Pereyra : au moment où il y entra, le vent, qui depuis quinze jours était au nord et tout contraire de celui qu'il fallait pour aller aux Indes, changea tout à coup, si bien que le jour suivant, qui fut le dernier de l'année 1551, on mit à la voile. Un autre navire, qui n'attendait que le vent, partit avec eux; mais il éprouva dans la suite qu'il ne portait pas l'apôtre des Indes.

Avant leur départ, Xavier, s'entretenant des périls de la mer avec le pilote qui l'avait amené du Japon, et qui se nommait François d'Aghiar, lui annonça qu'il ne finirait pas ses jours sur l'eau, et qu'aucun navire où il serait ne ferait jamais naufrage, quelque violente que fût la tempête. Aghiar crut si fermement ce que le père lui dit, et en ressentit depuis si visiblement l'effet dans plusieurs rencontres, que, sans observer ni vents ni saisons, il se mettait très souvent en mer avec un vieux bâtiment fort mal équipé, jusque-là que ceux qui ne savaient pas ce qui le faisait agir le prenaient pour un homme téméraire et peu entendu dans la marine.

Les entretiens qu'eut Xavier avec Pereyra durant la navigation roulèrent presque tous sur le Japon et la Chine. Le saint dit à son ami le progrès qu'avait fait la foi dans les royaumes de Saxuma, d'Amanguchi et de Bungo, et son dessein d'aller travailler à la conversion des Chinois.

Quelques Portugais, qui connaissaient les ordonnances de la Chine, trouvèrent le dessein du père un peu chimérique. Ils lui dirent qu'outre la mauvaise intelligence qu'il y avait entre les Chinois et les Portugais, il était défendu aux étrangers, sous peine de mort et de prison perpétuelle, de mettre le pied dans ce royaume, et que des marchands de leur nation, qui s'y étaient glissés secrètement pour trafiquer, ayant été reconnus, les uns avaient eu la tête tranchée, les autres avaient été chargés de fer et jetés dans des cachots pour le reste de leurs jours. Ils ajoutèrent néanmoins qu'on pourrait entrer sûrement dans la Chine, si on envoyait une solennelle ambassade à l'empereur des Chinois au nom du roi Jean III ; mais que cela ne se pourrait faire sans une prodigieuse dépense, et qu'apparemment le vice-roi des Indes ne se chargerait pas des frais de l'entreprise dans un temps où il avait peine à soutenir d'autres affaires très importantes.

Ces difficultés commençaient à embarrasser le père François, lorsque Jacques Pereyra, qui sous l'habit d'un marchand avait le cœur d'un prince et d'un apôtre, offrit son navire et tout son bien pour faire réussir l'expédition qu'on venait de proposer. Le père accepta ses offres avec un vif transport de joie, et s'engagea de son côté à obtenir du vice-roi l'ambassade de la Chine pour son ami.

La navigation se continuait au milieu d'un grand calme, lorsqu'on sentit venir un de ces terribles tourbillons dont nous avons parlé, qui submergent les vaisseaux en un instant. Tous ceux du navire crurent d'abord leur perte certaine ; ils espéraient néanmoins en pensant que le père François était avec eux, et ils le prièrent d'intercéder auprès de Dieu en leur faveur.

Le saint, sans rien répondre, se retira pour faire oraison. Il revint peu de temps après, le visage tout en feu, et donna sa bénédiction au navire, en disant tout haut ces paroles : « Le navire *la Sainte-Croix* (c'était le nom du vaisseau) ne périra jamais sur mer ; le lieu qui l'a vu bâtir le verra se défaire de lui-même. Plût à Dieu, ajouta-t-il, que l'on pût en dire autant du vaisseau qui est parti avec nous ! Mais nous ne verrons que trop tôt combien sa destinée est malheureuse. »

Au même moment il parut des signes qui commençaient à vérifier la prophétie : le tourbillon se dissipa, et la mer redevint tranquille. Ils virent ensuite des marchandises et des corps morts qui flottaient sur l'eau, et ils jugèrent par là que le typhon avait abîmé le navire qui suivait. Mais ils en furent bientôt assurés par deux matelots qui s'étaient attachés à une planche au moment où le navire périt, et qui, après avoir disputé leur vie aux flots pendant quelques heures, avaient été poussés vers le vaisseau de Pereyra.

Le navire ayant pris terre au détroit de Singapour, Xavier, qui savait qu'Antoine Pereyra était dans le port de Malacca, près de faire voile vers Cochin, lui écrivit par une frégate en partance, pour le prier d'attendre encore trois jours.

Dès que l'on sut dans la ville que Xavier arrivait, ce fut

6

une joie publique qui effaça presque le souvenir de tous les malheurs de la guerre. Les habitants accoururent en foule sur le rivage ; et, aussitôt que le saint parut, on n'entendit de tous côtés qu'acclamations et cris d'allégresse. Ils le reçurent, à la sortie du vaisseau, avec toute la tendresse et toute la vénération possibles.

Il visita l'ancien gouverneur don Pedro de Silva et le nouveau qui lui succédait, don Alvare d'Ataïde, et leur communiqua son projet touchant l'ambassade de la Chine. L'un et l'autre trouvèrent ce dessein également avantageux à la couronne de Portugal et à la religion chrétienne.

Jacques Pereyra, ne pouvant accompagner le père à Goa, fournit dès lors trente mille écus pour faire les préparatifs du voyage de Chine, et envoya avec le père un de ses gens qui disposa tout. Xavier, après avoir embrassé plusieurs fois ce fidèle ami, entra avec ses Japonais dans le vaisseau d'Antoine Pereyra, qui n'attendait qu'eux pour mettre à la voile.

La prédiction que l'homme de Dieu avait faite en faveur du navire *la Sainte-Croix* fit qu'on l'appela le vaisseau du saint. Pendant trente ans, la *Sainte-Croix* courut toutes les mers et tous les ports de l'Asie, bravant corsaires et tempêtes. Son dernier maître, la voyant à demi pourrie et ouverte en plusieurs endroits, jugea qu'elle ne pourrait plus servir si on ne la raccommodait entièrement. Il la fit pour cela conduire à Cochin et pousser à terre au lieu même où elle avait été bâtie autrefois ; mais elle ne fut pas plus tôt sur le flanc, qu'elle se défit d'elle-même, sans qu'il restât de ce grand corps que des planches et des poutres inutiles qui n'étaient plus bonnes qu'à brûler.

Xavier, s'étant embarqué pour Goa, arriva dans cette ville au commencement de février. Dès qu'il fut à terre, il visita les hôpitaux et alla ensuite   : collège Saint-Paul, qui était la maison de la compagnie. ...rès les embrassements ordinaires, qui furent plus tendres que jamais, il demanda s'il n'y avait point de malades dans le collège. On lui dit qu'il y en avait un, qui était à l'agonie. Aussitôt Xavier va le voir, et récite un évangile sur lui. A la vue du saint, le moribond reprend ses esprits et recouvre entièrement la santé.

Les nouvelles que Xavier donna de l'Église du Japon aux pères de Goa les réjouirent beaucoup, et il fut consolé lui-même en apprenant d'eux l'état de la chrétienté des Indes. Les missionnaires qu'il avait dispersés avant son départ se trouvèrent presque tous réunis à son retour. Les uns étaient venus sur ses lettres et par son ordre. Les autres d'eux-mêmes pour des affaires très pressantes, comme si le Saint-Esprit les eût rassemblés exprès afin que la présence de l'homme de Dieu redoublât en eux la ferveur religieuse et le zèle apostolique. Dieu avait béni partout leurs travaux.

Xavier apprit que le vice-roi des Indes et les capitaines des forteresses avaient ordre du roi Jean III de défrayer les missionnaires dans tous leurs voyages, et que ce prince si religieux s'en remettait à la compagnie de l'obligation qu'il avait de procurer le salut des infidèles, suivant les anciennes conventions faites avec le saint-siège, quand on accorda à la couronne de Portugal les conquêtes de l'Orient.

Parmi tant de sujets de satisfaction, la conduite d'Antoine Gomez causa une véritable douleur au père Xavier. Avant son voyage au Japon, il l'avait établi recteur du collège de Saint-Paul.

Gomez était un homme fort instruit et un habile prédicateur; mais il avait un attachement singulier à ses idées. Il gouvernait arbitrairement, et avait introduit de telles innovations, que le saint fut obligé de lui donner un successeur : ce fut le père Gaspard Barzée, qu'il fit aussi vice-provincial. Xavier voulut ensuite châtier le coupable ; il l'envoya à la forteresse de Diu, vers Cambaye, avec ordre aux pères qui y étaient de lui donner son congé, et de faire ce qu'ils pourraient pour lui persuader de retourner en Portugal par le premier navire qui partirait. Tout s'exécuta selon les intentions du saint homme ; mais Gomez, s'étant embarqué sur un vaisseau qui fit naufrage au milieu de la navigation, se noya malheureusement, comme pour apprendre par une fin si funeste que les talents de la nature, et même les dons de la grâce, ne servent qu'à perdre un religieux qui n'a pas l'esprit d'humilité et d'obéissance.

LIVRE SIXIÈME

Les affaires de la compagnie étant arrangées de la sorte, Xavier ne songea qu'à fournir les missions des Indes de bons ouvriers, ou plutôt qu'à augmenter dans la plupart des missions le nombre de ceux qui y étaient déjà employés, et qui ne suffisaient pas aux besoins communs.

Il tourna ensuite toutes ses pensées vers la Chine. Le vice-roi don Alphonse de Norrogna accorda très volontiers au marchand Jacques Pereyra l'ambassade que Xavier avait demandée; il promit même de la favoriser en toutes choses, et donna de quoi faire des présents à l'empereur de la Chine. Néanmoins les plus magnifiques furent aux dépens de l'ambassadeur: c'étaient des chasubles de drap d'or et des ornements d'autel de brocart, des tableaux de dévotion faits par d'excellents peintres de l'Europe, avec d'autres superbes ornements d'église, tous propres à représenter aux Chinois la majesté de la religion chrétienne.

L'évêque don Juan d'Albuquerque ne fut pas moins favorable au dessein du père que le vice-roi; et, voulant écrire à l'empereur de la Chine pour lui rendre un témoignage honorable de la sainte loi de Dieu, il fit faire sa lettre en caractères d'or, avec divers embellissements de peinture.

Xavier choisit pour ses compagnons Balthazar Gago, Édouard Silvia et Pierre Alcaceva, avec François Gonzalez et Alvare Ferreira de Monte-Mayor, sans compter un jeune séculier chinois nommé Antoine, qui avait été élevé dans le séminaire de Sainte-Foi. Les uns étaient destinés à la Chine, et les autres au Japon.

L'apôtre partit de Goa le jeudi saint, qui était le 14 avril de l'année 1552. La mer fut assez tranquille jusqu'aux îles de Nicobar, qui sont un peu au-dessus de Sumatra, vers le nord. Les flots commencèrent alors à grossir, et en peu de temps la tourmente devint si furieuse, qu'à peine restait-il quelque espérance d'échapper. Ce qui augmenta la crainte, c'est que deux fustes qui venaient de compagnie, ne pouvant soutenir la furie des ondes, furent submergées l'une après l'autre.

Le navire qui portait Xavier et ses compagnons était un vaisseau royal, fort grand, extrêmement chargé, de sorte que sa marche et sa charge l'empêchaient de bien obéir à la voile et au gouvernail. On jugea qu'il était nécessaire de la soulager, et l'on tirait déjà les marchandises pour les jeter dans la mer, lorsque le père François pria le capitaine de ne rien précipiter. Mais comme les matelots disaient que l'on ne pourrait pas décharger commodément le vaisseau dans l'obscurité de la nuit, il leur repartit que la mer se calmerait et qu'on verrait la terre avant le coucher du soleil. Le capitaine, sachant combien les prédictions du père étaient sûres, n'eut pas de peine à le croire, et l'événement fit voir la vérité de la prophétie. Le calme revint, et la terre parut lorsque le soleil se couchait.

Tandis que tout le monde se réjouissait d'approcher du port, on s'aperçut que le saint homme avait le visage triste et soupirait même avec douleur. Quelques-uns lui en demandèrent la cause, et il leur dit de prier Dieu pour la ville de Malacca, affligée d'une maladie épidémique. La maladie était en effet si universelle et si contagieuse, qu'elle semblait un commencement de peste. On ne voyait partout que fièvres malignes qui faisaient mourir les plus robustes en fort peu de temps, et qui se gagnaient promptement.

Dès que Xavier eut mis pied à terre, il alla chercher les malades, et trouva auprès d'eux de quoi exercer sa charité en toutes manières. Il n'y en avait pas un qui ne voulût se confesser au père François et mourir entre ses bras, suivant l'opinion commune que quiconque avait ce bonheur se sauvait infailliblement.

Il allait avec ses compagnons, de rue en rue, ramasser les pauvres qui languissaient sur le pavé sans aucun secours, il les portait aux hôpitaux et au collège de la compagnie, qu'il changea en hôpital; quand tout fut plein dans les hôpitaux et dans le collège, il fit construire des cabanes le long de la mer, pour servir de logement au reste de ces malheureux. Il leur procura ensuite des aliments et des remèdes qu'il demandait lui-même, pour l'amour de Dieu, aux personnes de piété, et il leur rendit jour et nuit toutes sortes de services.

Ce qui parut merveilleux, c'est que bien qu'on ne pût assister les moribonds sans être frappé du même mal, Xavier et ses compagnons conservèrent toujours leur santé parmi de si périlleux emplois.

Dès que la mortalité eut cessé, le saint se mit à traiter de l'ambassade et du voyage de Chine avec don Alvare d'Ataïde, gouverneur de Malacca, que le vice-roi chargeait de l'exécution d'une affaire si importante. Don Alvare avait fort approuvé cette entreprise lorsque Xavier lui en avait fait l'ouverture au retour du Japon, et même il avait promis alors de la favoriser de tout son pouvoir ; mais l'envie et l'intérêt sont deux passions qui étouffent les sentiments les plus raisonnables, et qui font oublier les engagements les plus solennels.

Le gouverneur était mécontent de Pereyra, qui n'avait pas voulu lui prêter, l'année précédente, dix mille écus, et il ne pouvait souffrir qu'un marchand fût nommé ambassadeur auprès du plus grand monarque du monde. Sur cela, la pensée lui vint d'empêcher le voyage de la Chine. Il ne se déclara pas néanmoins tout d'abord ; mais quelque soin qu'il prît de cacher ses mauvaises intentions, Xavier les connut bientôt ; il écrivit à Pereyra de venir sans nul équipage et de n'affecter rien de splendide, pour ne pas aigrir un esprit jaloux et intéressé.

La modestie de l'ambassadeur n'empêcha pas le gouverneur d'éclater. Au bruit de son arrivée, il envoya sur le port des officiers de justice et gens de guerre, avec ordre de se saisir du navire *la Sainte-Croix,* d'en détacher le gouvernail et de le lui apporter.

Xavier, voyant que l'amour du gain était ce qui le possédait davantage, lui fit offrir par Pereyra trente mille écus en pur don ; mais l'envie de tout avoir fut cause que don Alvare refusa ce qu'on lui offrait.

La voie que prit alors le saint homme fut d'envoyer au gouverneur le grand vicaire, Jean Suarez, accompagné des personnes les plus considérables de la ville, pour lui faire voir les lettres du roi Jean III, qui portaient expressément que c'était son intention que le père Xavier étendît la foi le plus avant qu'il pourrait dans tous les royaumes de l'Orient, et que les gouverneurs des Indes le favorisassent en toutes

choses. Suarez lut encore au gouverneur la lettre du vice-
roi don Alphonse de Norogna, où l'on déclarait criminel
d'État quiconque mettrait obstacle à cette entreprise particulière.

Ce qui devait ramener don Alvare à la raison ou du
moins l'intimider, ne servit qu'à le rendre plus audacieux.
Il se leva de son siège tout hors de lui-même, et, frappant
des pieds, il renvoya brusquem.... le grand vicaire avec ces
paroles : « Les intérêts du roi veulent cela, et moi je ne le
veux point. Je serai le maître. »

Un si étrange endurcissement affligea au dernier point le
père Xavier. Comme il vit que toutes les voies de la douceur
étaient inutiles, et que le temps propre pour la navigation
se passait, après avoir bien consulté Dieu là-dessus, il jugea
enfin qu'il fallait tenter les derniers remèdes. Depuis dix
ans qu'il était aux Indes, personne, hors l'évêque de Goa,
ne savait qu'il fût nonce apostolique. Il avait gardé sur cela
un profond silence, et il n'avait fait aucun exercice de sa
dignité. Mais il crut être obligé de se déclarer dans une
occasion si importante, de frapper des anathèmes de l'Église,
s'il en était besoin, celui qui faisait ouvertement la guerre
à l'Église.

Il ne voulut pas néanmoins lancer la foudre lui-même.
S'étant adressé pour cela au grand vicaire, il commença
par lui montrer un des brefs de Paul III qui l'établissait
son nonce dans tous les royaumes de l'Orient. Il supplia
ensuite Suarez de les faire voir à don Alvare, et de lui
expliquer les censures qu'encouraient ceux qui s'opposaient
aux légats du pape en matière de religion, et de l'exhorter
par ce qu'il y avait de plus saint à permettre l'ambassade
de la Chine ; en cas de refus, de le menacer des peines
ecclésiastiques de la part du vicaire de Jésus-Christ, et de
le conjurer en même temps, par la mort du Sauveur des
hommes, d'avoir pitié de lui-même.

Suarez fit à l'égard du gouverneur toutes les démarches
que le saint lui avait marquées ; mais rien ne put faire revenir don Alvare. Il se moqua des menaces, et se déchaîna
contre la personne de Xavier, disant tout haut que c'était
un ambitieux et un hypocrite, l'ami des pêcheurs et des
publicains.

Le grand vicaire, ne pouvant souffrir davantage une
impiété si outrée et si scandaleuse, excommunia enfin le gou-

verneur, selon qu'il en était convenu avec le père François.

L'excommunication n'embarrassa pas un homme qui n'avait nul principe de religion ni d'honneur. Sans se mettre donc en peine de la colère du Ciel et des bruits du monde, il se rendit maître du navire *la Sainte-Croix*, et mit dessus un capitaine qui était à lui avec vingt-cinq matelots, pour aller trafiquer à Sancian, où les Portugais faisaient un très grand commerce.

Le mauvais succès de la négociation du vicaire de Malacca fut très sensible à Xavier : il en eut le cœur blessé, et confessa au père François Pérez qu'il n'avait jamais rien ressenti si vivement.

Quoique la porte de la Chine semblât tout à fait fermée depuis qu'on avait perdu l'espérance de l'ambassade qui devait faciliter l'entrée du royaume, le saint ne désespéra pas d'annoncer l'Évangile aux Chinois, et s'imagina qu'allant à une île voisine de Canton, il pourrait gagner secrètement la terre ferme.

Dans ces pensées, il résolut de s'embarquer sur la *Sainte-Croix*, que le gouverneur de Malacca envoyait à Sancian. Mais, parce qu'on ne pouvait tenter l'entrée de la Chine par la voie qu'il se proposait sans courir de très grands dangers, il voulut être le seul prêtre qui s'y exposât, et retint avec lui seulement un frère de la compagnie, le Chinois Antoine de Sainte-Foi, et un autre jeune homme indien.

Le grand vicaire Jean Suaréz, qui l'accompagna jusqu'au navire, lui demanda en chemin s'il avait pris congé du gouverneur, et ajouta que, s'il y manquait, les faibles pourraient s'en scandaliser; que ce serait une marque de ressentiment et une occasion de murmure. Le saint, qui voulait montrer par son exemple comment on devait en user avec un excommunié, repartit sans balancer : « Don Alvare ne me verra point en cette vie; je l'attends au jugement de Dieu, où il aura un grand compte à rendre. »

Ayant passé outre, il s'arrêta devant une église assez proche de la mer, et, dans un transport d'esprit, élevant les yeux au ciel, il pria à haute voix pour le salut du malheureux don Alvare. Il se prosterna ensuite et demeura un peu en silence le visage contre terre, parlant à Dieu au fond de son cœur. Puis il se leva avec une action véhémente qui avait quelque chose de terrible, ôta ses souliers de ses pieds, les battit l'un contre l'autre, et les secoua sur une pierre, en disant qu'il ne voulait point emporter la poussière d'une terre si maudite.

Il prédit alors, plus en détail qu'il ne l'avait fait, les châtiments que le Ciel préparait au gouverneur de Malacca; et s'étant rendu sur le vaisseau, il laissa la foule qui l'avait suivi étonnée de ses prédictions et affligée de son départ.

Aussitôt on mit à la voile. Il y avait sur le navire plus de cinq cents hommes, en comptant les gens de service et les passagers. Ils étaient déjà fort avancés dans leur voyage, lorsque le vent tomba tout à coup; en moins de rien les flots s'aplanirent, de telle sorte que la *Sainte-Croix* demeura immobile comme si elle eût été au port ou à l'ancre.

Pendant ce calme, qui dura quatorze jours, l'eau vint à manquer, et quelques-uns moururent. On alla de tous côtés avec la chaloupe pour chercher quelque côte où l'on découvrit des fontaines : ce fut en vain.

Cependant le navire était rempli de malades qu'une soif cruelle consumait, et ils seraient tous morts, si l'un d'eux, faisant réflexion que le père Xavier pouvait tout auprès de Dieu, n'eût rendu l'espoir aux autres; s'étant tous traînés devant lui, ils le conjurèrent, avec plus de larmes que de paroles, d'obtenir du Ciel de l'eau ou du vent.

Xavier leur dit de s'adresser eux-mêmes à Dieu, leur fit réciter les litanies à genoux au pied d'un grand crucifix, et leur ordonna d'avoir confiance en Jésus-Christ. Il se retira ensuite dans une chambre, d'où étant sorti peu de temps après, il descendit dans la chaloupe avec un enfant, lui fit goûter l'eau de la mer et lui demanda si elle était douce ou salée. L'enfant répondit qu'elle était salée; il lui ordonna d'en goûter de nouveau, et l'enfant dit qu'elle était douce.

Alors le père, étant remonté, fit remplir d'eau tous les vases du navire; mais quelqu'un se pressant de boire trouva l'eau salée. Le saint fit le signe de la croix sur les vases; au même moment l'eau perdit sa salure naturelle et devint si bonne, que tous protestèrent qu'elle était meilleure que celle de Bengar, dont les gens de mer faisaient leur provision ordinaire, et qui passait pour la plus excellente eau des Indes.

Ce miracle frappa tellement les Arabes sarrasins qui transportaient leurs familles entières en Chine, que, se jetant aux pieds du saint homme, ils confessèrent le Dieu des chrétiens et demandèrent le baptême.

Pendant la navigation, un enfant de cinq ans, qui se tenait sur le bord du navire, tomba dans la mer. Le père fut inconsolable, et sa douleur ne lui permit pas de paraître durant trois jours. Il était mahométan, et le miracle de l'eau ne l'avait pas converti. Il parut enfin, mais pleurant toujours et ne cessant point de regretter son fils unique. Xavier, qui ne savait pas ce malheur, demanda au mahométan quelle était la cause de ses larmes. L'ayant apprise, il se recueillit un peu, et lui dit : « Si Dieu vous rend votre fils, me promettez-vous de croire en Jésus-Christ et de vous faire chrétien de bonne foi? »

L'infidèle le lui promit, et trois jours après, avant le lever du soleil, on vit l'enfant sur le tillac. L'enfant ne savait pas ce qu'il était devenu durant ces six jours; il se souvenait seulement d'être tombé dans la mer, sans pouvoir dire comment il était revenu au vaisseau. Son père pensa mourir de joie en le revoyant, et Xavier n'eut pas besoin de faire souvenir l'infidèle de ce qu'il avait promis. Celui-ci vint de lui-même se présenter, accompagné de sa femme, de son fils et de son valet; tous quatre furent baptisés, et l'enfant fut nommé François.

Les gens du navire, qui avaient été témoins de ces deux miracles, en parlèrent aux habitants d'une île nommée Cincheo, où l'on passa, et qui était un lieu de trafic plein de marchands étrangers. L'envie de voir un homme si admirable fit venir un jour au navire environ soixante personnes, les uns Éthiopiens, les autres Indiens, tous idolâtres ou mahométans. Xavier leur prêcha d'abord l'Évangile, et les instruisit des saintes pratiques du christianisme. Il n'eut pas plus tôt achevé de parler, qu'ils crurent en Jésus-Christ et reçurent le baptême.

De Cincheo le navire continua sa route vers Sancian, où il aborda peu de jours après.

La joie qu'avaient eue les Portugais de l'arrivée du père Xavier se changea en tristesse, dès qu'ils surent qu'il n'était venu à Sancian que pour passer en Chine. Ils tâchèrent tous de lui faire changer de dessein, en lui remettant devant les yeux les lois rigoureuses de l'empire et en lui faisant observer que les ports étaient gardés par des officiers vigilants et fidèles qu'on ne pouvait surprendre ni corrompre; que les mandarins étaient cruels envers tous les étrangers, et que, pour lui, le moins qu'il devait attendre était une prison perpétuelle.

Ces raisons ne firent aucune impression sur l'esprit du saint. Il avait pris son parti pour d'autres raisons plus fortes, et il répondit aux marchands ce qu'il écrivit alors au père François Pérez, qu'il ne pouvait pas se défier de la divine bonté, et que sa défiance serait d'autant plus criminelle, qu'une puissante inspiration du Saint-Esprit le portait à enseigner aux Chinois la loi du vrai Dieu.

Les Portugais se persuadant qu'une volonté si déterminée venait en partie de ce que l'homme de Dieu ne concevait pas assez le péril, ou de ce qu'il croyait qu'on lui exagérait trop les choses, lui députèrent des marchands chinois avec qui ils trafiquaient, pour lui faire entendre raison là-dessus; mais la chose tourna tout autrement qu'ils ne pensaient. Ces Chinois, à qui Xavier ne manqua pas de parler du christianisme, et qui étaient des hommes de bon sens, lui conseillèrent de passer en Chine au lieu de l'en détourner. Ils l'avertirent seulement de porter les livres qui contenaient toute la doctrine chrétienne, et ajoutèrent que depuis peu l'empereur avait envoyé des savants dans les royaumes voisins pour s'informer des religions qui étaient différentes de la religion chinoise; qu'ils s'imaginaient que celle dont les chrétiens faisaient profession serait bien reçue à la cour, et qu'il leur semblait que la nouveauté d'une loi si raisonnable servirait de passeport à celui qui l'y porterait le premier.

Xavier fut ravi de voir le facile accès que trouvait l'Évangile parmi la nation du monde la plus polie, et ne douta pas que la religion des chrétiens, venant à être comparée avec les sectes de l'Orient par des esprits judicieux, n'eût l'avantage sur elles. Encouragé donc de nouveau à poursuivre son dessein, il commença par chercher un bon interprète; car le Chinois Antoine, qu'il avait amené à Goa, ne savait point la langue de la cour, et avait presque oublié celle du peuple. Il trouva un autre Chinois qui non seulement avait une parfaite connaissance du langage des mandarins, mais qui savait aussi très bien écrire, homme du reste distingué, d'un bon naturel et d'une conversation agréable, qui paraissait entièrement dévoué aux chrétiens et promettait tous les bons offices possibles.

On eut plus de peine à trouver des matelots qui voulussent mener le père; car il n'y allait pas moins que de la vie. Mais l'intérêt fait oser et braver tout à ceux qui aiment l'argent plus que leur vie même. Un marchand chinois nommé Cappocea s'offrit de conduire Xavier dans la province de Canton, pourvu qu'on le payât bien, et il demanda en poivre la valeur de deux cents pardos [1]. Le père l'accorda, et obtint de ses amis autant de poivre qu'il voulut. Il ne restait plus qu'à convenir de la manière dont la chose s'exécuterait.

Le Chinois promit de prendre Xavier la nuit dans sa barque, et de le jeter, avant le jour, sur un rivage éloigné des habitations maritimes; si cette voie ne paraissait pas assez sûre, il s'engageait à cacher le père dans sa maison, et à l'exposer de grand matin aux portes de Canton quatre jours après. Mais il voulait que Xavier s'engageât, de son côté, à s'aller présenter d'abord au mandarin avec des lettres que le vice-roi des Indes et l'évêque de Goa écrivaient à l'empereur. Le Chinois exigeait, au reste, un secret inviolable, et il fit promettre au père de ne jamais dire le nom ni la maison de celui qui l'aurait débarqué.

Cependant tous les navires portugais firent voile vers les Indes, hors la *Sainte-Croix*, qui n'avait pas encore sa charge complète. Xavier donna aux marchands qui partaient diverses lettres pour Malacca et pour Goa. Il écrivit à son ami Jacques Pereyra en termes pleins de reconnaissance et de charité. Il écrivit par la même voie au père François Pérez, supérieur de Malacca. Il lui ordonnait, en vertu de la sainte obéissance, de sortir au plus tôt d'une ville si malheureuse, et de conduire ses inférieurs à Cochin, où il l'établissait recteur du collège, à la place d'Antoine Heredia, qu'il envoyait à Goa.

Parmi les marchands qui partirent, il y en eut un qui se retira plus promptement que les autres, sans rien dire au père Xavier, auquel il avait donné retraite en sa cabane, ni sans attendre un vaisseau chinois qu'il avait acheté au port de Canton. Un jour que le père disait la messe de grand matin, ce marchand mit à la voile et s'enfuit avec une grande précipitation, comme si l'île eût dû être engloutie par la mer ce jour-là. Après la messe, Xavier regardant de

---

[1] Un pardos vaut dix-sept sous de notre monnaie.

tous côtés et ne voyant point celui qu'il cherchait des yeux : « Où est mon hôte? » dit-il en homme inspiré. Ayant appris que le marchand était déjà en haute mer : « Qui le presse de partir? continua-t-il. Pourquoi n'attendre pas le navire qui vient de Canton? Et où sa malheureuse destinée l'entraîne-t-elle? » Le soir même on vit arriver le vaisseau chinois. Pour le marchand fugitif, il n'eut pas plus tôt gagné Malacca, qu'étant allé chercher dans un bois de quoi radouber son navire, il y fut poignardé par des voleurs.

Tous les vaisseaux portugais étant partis, hors celui qui appartenait au gouverneur de Malacca, Xavier fut réduit à une telle disette de toutes choses, qu'à peine pouvait-il trouver de quoi vivre. Certainement il y a lieu de s'étonner que des gens auxquels il avait sauvé la vie en changeant l'eau de la mer en eau douce eussent la dureté de le laisser mourir de faim. Quelques-uns ont cru que don Alvare leur avait donné ordre de refuser tout au père François; mais il est probable que la Providence, qui le voulait éprouver de la manière dont elle éprouve quelquefois ceux qu'elle aime davantage, permit ce délaissement pour l'entière perfection du saint.

Ce qui le toucha le plus, c'est que l'interprète chinois qui lui avait fait des offres si avantageuses retira sa parole, ou de lui-même, par la crainte du péril, ou à la sollicitation de gens dévoués au gouverneur de Malacca. Le père ne perdit pas néanmoins courage; il espéra que Dieu l'aiderait par une autre voie, et qu'au pis aller Antoine de Sainte-Foi lui servirait de truchement. Mais, pour comble de malheur, le marchand qui devait l'introduire dans la Chine ne revint point au temps assigné, et il l'attendit en vain plusieurs jours.

N'espérant plus rien de ce côté-là, il ne perdit pas courage. On avait su que le roi de Siam, voisin de Malacca et ami des Portugais, préparait pour l'année suivante une magnifique ambassade vers l'empereur de Chine. Xavier résolut donc de retourner à Malacca par la première occasion, et de mettre tout en œuvre pour passer en Chine avec l'ambassadeur de Siam.

Mais la Sagesse éternelle, qui inspire quelquefois de grands desseins à ses serviteurs, ne veut pas toujours qu'ils les exécutent, quoiqu'elle veuille que, de leur côté, ils n'épargnent rien pour les réaliser.

Dieu traita Xavier comme autrefois Moïse, qui mourut à la vue de la terre où il avait ordre de conduire les Israélites. La fièvre prit le père François le 20 novembre, et il eut en même temps une claire connaissance du jour et de l'heure de sa mort, comme il le déclara franchement au pilote du navire, François d'Aghiar.

Dès ce moment il sentit un dégoût étrange pour toutes les choses de la terre, et ne pensa plus qu'à la céleste patrie où Dieu l'appelait. Étant fort abattu de sa fièvre, il se retira sur le vaisseau qui était l'hôpital commun des malades, pour y mourir en pauvre, et le capitaine Louis Almeyda l'y reçut, malgré tous les ordres de son maître don Alvare.

Comme l'agitation du vaisseau causait au saint de grands maux de tête et l'empêchait d'être aussi appliqué à Dieu qu'il l'eût voulu, il pria le jour suivant Almeyda de le faire remettre à terre. On l'y transporta et on le laissa sur le rivage exposé aux injures de l'air et de la saison, surtout à un vent du nord très piquant qui soufflait alors. Il serait mort là sans aucun secours, si un Portugais plus charitable que les autres, nommé Georges Alvarez, ne l'eût fait porter dans sa cabane, qui ne valait pourtant guère mieux que le rivage, et qui était ouverte de toutes parts.

Le mal s'étant déclaré par une douleur de côté fort aiguë et par une grande oppression, Alvarez fut d'avis qu'on saignât Xavier, et le père y consentit par une déférence aveugle aux sentiments de son hôte, bien qu'il sût que tous les remèdes seraient inutiles. Un chirurgien du navire, homme maladroit et peu expérimenté dans son art, le saigna si mal, que les nerfs furent offensés, et que le malade tomba en faiblesse et en convulsion. On ne laissa pas de lui tirer du sang une autre fois, et la seconde saignée amena les mêmes accidents que la première. Outre cela, elle fut suivie d'un dégoût horrible, en sorte que le malade ne pouvait rien prendre.

Le mal croissait d'heure en heure, et la nature s'affaiblissait chaque jour; mais son visage était toujours serein et son esprit calme. Il regardait tantôt le ciel et tantôt le crucifix, en s'entretenant avec son Dieu, non sans répandre beaucoup de larmes. Il demeura en cet état jusqu'au 28 novembre, que le délire le prit. Dès lors il ne parla plus que de Dieu et de son passage à la Chine, mais en des termes plus tendres et plus ardents que jamais.

Il perdit ensuite la parole et ne la recouvra que trois jours après. Les forces lui manquèrent alors tout à fait, de sorte qu'on crut à tout moment qu'il allait passer. Il revint cependant à lui, et, ayant l'esprit libre aussi bien que la parole, il recommença tout haut ses entretiens avec Dieu. Ce n'étaient qu'aspirations dévotes, que prières courtes, mais vives et affectueuses. Ceux qui l'assistaient n'entendaient pas tout ce qu'il disait, parce qu'il parlait toujours en latin; et Antoine de Sainte-Foi, qui ne le quittait point, a rapporté seulement que l'homme de Dieu répétait souvent : *Jesu, fili David, miserere mei;* et ces paroles qui lui étaient si familières : *O sanctissima Trinitas!* Il disait aussi, en invoquant la Reine du ciel : *Monstra te esse matrem.*

Il passa deux jours sans prendre aucune nourriture; et, ayant fait porter dans le navire les ornements dont il se servait pour dire la messe et les livres qu'il avait composés pour l'instruction des peuples de l'Orient, il se disposa à sa dernière heure, qui était proche.

Outre Antoine de Sainte-Foi, il y avait auprès de lui un jeune homme indien, qu'il avait amené de Goa. Le saint, tout mourant, jeta les yeux sur ce jeune homme, et parut troublé en le regardant; puis, avec un air de compassion, il dit par deux fois : « Ah! misérable! » et versa des larmes. Dieu fit connaître au père Xavier la funeste mort de l'Indien, qui, cinq à six mois après, s'étant jeté dans des débauches honteuses, fut tué d'un coup d'arquebuse : ainsi l'esprit de prophétie accompagna le saint homme jusqu'à son dernier soupir.

Enfin, le 2 décembre, qui était un vendredi, ayant les yeux baignés de larmes et tendrement attachés sur son crucifix, il dit ces paroles : *In te, Domine, speravi; non confundar in æternum;* et en même temps, saisi d'une joie céleste qui parut sur son visage, il rendit doucement l'esprit vers les deux heures après midi, l'an 1552.

Il avait quarante-six ans, et en avait employé dix et demi dans les Indes. Sa taille était un peu au-dessus de la moyenne, sa constitution robuste, son air également agréable et majestueux. Il avait le teint beau, le front large, le nez bien proportionné, les yeux bleus, vifs et perçants, les cheveux et la barbe d'un châtain foncé. Ses travaux continuels le firent blanchir de bonne heure, et il était presque tout blanc la dernière année de sa vie.

Le corps ne fut mis en terre que le dimanche suivant vers midi. Ses funérailles se firent sans aucune cérémonie, et, sauf Antoine de Sainte-Foi, François d'Aghiar et deux autres, personne n'y assista. On lui ôta sa soutane, toute déchirée, que ceux qui lui rendirent les derniers devoirs divisèrent entre eux par dévotion, et on le revêtit de ses habits sacerdotaux.

Georges Alvarez eut soin de faire mettre le corps dans une caisse assez grande, à la manière des Chinois. Il fit remplir la caisse de chaux vive, afin que, les chairs étant plus tôt consumées, on pût emporter les os sur le vaisseau qui devait dans peu de mois retourner aux Indes.

A la pointe du port s'élevait une colline au pied de laquelle était un petit pré où les Portugais avaient planté une croix. C'est proche de cette croix que le saint fut enterré. On dressa deux monceaux de pierres, l'un du côté de la tête, l'autre du côté des pieds, pour marquer le lieu de la sépulture.

Deux mois et demi après la mort du saint homme, le navire qui était au port de Sancian étant sur le point de faire voile pour les Indes, Antoine de Sainte-Foi et Georges Alvarez prièrent le capitaine Louis Almeyda de ne pas laisser dans l'île les restes du père François.

Un des gens d'Almeyda ouvrit le cercueil par l'ordre de son maître, le 13 février 1557, pour voir si les chairs étaient toutes consumées, et si l'on pouvait ramasser les os; mais, ayant ôté la chaux de dessus le visage, il le trouva frais et vermeil comme celui d'un homme qui dort doucement. Sa curiosité le porta à visiter le corps; il le trouva aussi très entier; mais, pour s'éclaircir et s'assurer davantage, il coupa un peu de chair de la cuisse droite auprès du genou, et vit le sang couler.

Il courut en même temps dire au capitaine ce qu'il avait vu, et lui porta le petit morceau de chair qu'il avait coupé.

Tous aussitôt se transportèrent sur le lieu de la sépulture; et, ayant examiné curieusement le corps, ils le trouvèrent entier et sans aucune corruption. Les habits sacerdotaux dont il était revêtu n'avaient été nullement endommagés par la chaux; et ce qui étonna le plus tout le monde, le saint corps exhalait une odeur si douce et si agréable, qu'au rapport de plusieurs personnes présentes, les parfums les plus exquis n'en approchaient point, et qu'il paraissait que c'était une odeur céleste.

Ayant remis sur le corps la chaux qu'on en avait ôtée, ils portèrent au navire ce dépôt sacré, et mirent à la voile peu de temps après, s'estimant heureux de porter aux Indes un si grand trésor.

Ils arrivèrent à Malacca le 22 mars, sans avoir rencontré sur leur route aucun de ces tourbillons terribles qui infestent toutes ces mers, comme si la présence du corps les eût dissipés. Avant de gagner le port, ils envoyèrent la chaloupe pour avertir la ville du présent qu'ils venaient lui faire. Quoiqu'il n'y eût plus personne de la compagnie dans Malacca et que la peste y fût très violente, toute la noblesse et tout le clergé vinrent avec Jacques Pereyra jusqu'au rivage recevoir le corps, chacun un cierge à la main, et ils le portèrent en cérémonie à l'église Notre-Dame-du-Mont, suivis d'une foule de chrétiens, de mahométans et d'idolâtres, qui a cet égard semblaient tous n'avoir qu'une même religion.

Seul, don Alvare d'Ataïde manqua de respect pour le saint : il jouait dans son palais lorsque la procession passa ; et au bruit du peuple, mettant la tête à la fenêtre, il traita la dévotion publique de simplicité et de sottise ; après quoi il se remit froidement au jeu ; mais son impiété ne demeura pas impunie, et les prédictions de l'homme de Dieu à son égard commencèrent bientôt à se vérifier.

Le vice-roi des Indes, sur les plaintes qu'on lui fit des vexations tyranniques de don Alvare, le priva du gouvernement de Malacca, et, l'ayant fait amener à Goa comme prisonnier d'État, l'envoya en Portugal sous bonne garde. Là tous ses biens furent confisqués, et il fut condamné à une prison perpétuelle. Avant de partir des Indes, il avait une maladie qui s'augmenta extrêmement en Europe, et dont il mourut enfin sans aucun secours, tant la mauvaise odeur de son corps le rendait insupportable à tout le monde.

Pour Pereyra, qui avait tout sacrifié à la religion, et que le gouverneur dépouilla si injustement, le roi Jean III lui rendit son bien avec usure, et le combla de faveurs les années suivantes, selon la prophétie de Xavier.

Mais la dévotion du peuple fut récompensée sur-le-champ. La peste, qui depuis quelques semaines désolait la ville,

cessa tout à coup, en sorte que le mal ne se communiqua
plus, et que ceux qui en avaient été frappés guérirent sans
aucun remède. Outre la maladie contagieuse, la famine
faisait mourir tous les jours une infinité de personnes. Ce
second fléau fut détourné en même temps; car, avec le
navire qui était chargé du corps de l'homme de Dieu, divers
vaisseaux arrivèrent au port de Malacca, et y apportèrent
toutes sortes de provisions et de vivres.

Des faveurs si considérables devaient obliger les habitants
à honorer leur bienfaiteur d'une sépulture digne de lui.
Cependant, soit que la crainte du gouverneur les retint,
soit que Dieu le permit pour la plus grande gloire de son
serviteur, ayant tiré le corps du cercueil, ils l'enterrèrent
hors de l'église, dans un lieu où l'on enterrait ordinairement
les gens du commun.

Ce dépôt sacré demeura ainsi sans honneur jusqu'au mois
d'août, que le père Jean Beira vint de Goa pour retourner
aux Moluques avec deux compagnons que le vice-provincial,
Gaspard Barzée, lui avait donnés, suivant l'ordre du père
Xavier.

Comme il aimait tendrement le saint, il eut une très sensible affliction de sa mort, et il ne put se résoudre à partir
pour les Moluques sans voir le corps, dont on lui disait tant
de merveilles. S'étant ouvert là-dessus à Jacques Pereyra
et à deux ou trois autres amis du défunt, ils le déterrèrent
secrètement la nuit. Le corps fut trouvé entier, frais et
sentant très bon, sans que l'humidité de la terre pendant
cinq mois l'eût altéré le moins du monde; on trouva même
teint d'un sang vermeil le linge qui avait été mis sur son
visage.

Un spectacle si surprenant les toucha; ils ne crurent pas
devoir remettre le corps en terre, et résolurent de le transporter à Goa. Pereyra fit faire un cercueil d'un bois précieux,
et, après qu'on l'eut garni d'un riche damas de la Chine,
on y mit le corps enveloppé d'un drap d'or, avec un oreiller
de brocart sous la tête. Le cercueil fut déposé ensuite dans
un lieu très propre, qui n'était connu que de ces fidèles
amis du père François; et Dieu voulut bien déclarer par un
miracle évident que leur zèle lui plaisait; car un cierge qu'ils
allumèrent devant le cercueil, et qui en moins de dix heures
devait être consumé, dura dix-huit jours entiers, brûlant
jour et nuit.

Le saint corps ayant été embarqué pour Goa, une furieuse tempête jeta d'abord le navire qui le portait sur des bancs de sable, et la quille y entra si avant, qu'on ne pouvait en sortir, lorsque, contre toutes les apparences, il s'éleva du côté de la proue un vent qui dégagea le vaisseau ; et, afin qu'on vît que c'était la main de Dieu qui agissait, ce souffle cessa dès que la quille fut hors du sable.

Peu de temps après, à l'entrée du golfe de Ceylan, ils donnèrent impétueusement contre des écueils couverts. Le gouvernail ayant sauté de la violence du coup, on demeura engagé par la quille dans le rocher, et ce fut un miracle que le navire, qui était vieux et usé, ne se brisât point tout à fait.

Des matelots firent en cette rencontre ce qu'on fait ordinairement en un péril extrême ; ils coupèrent les mâts à coups de hache, et, comme cela ne servit de rien, ils voulurent jeter toutes les marchandises dans la mer pour soulager le navire, mais la furie des flots, qui le battaient de tous côtés et l'agitaient étrangement, ne leur permit pas de le faire.

Alors ils eurent recours à l'intercession du saint dont ils portaient le corps à Goa. L'ayant tiré de la chambre du pilote et posé sur le tillac, ils se mirent tous à genoux à l'entour avec des flambeaux allumés ; et, comme si le père Xavier eût été encore vivant et qu'il les eût vus et les eût entendus, ils le conjurèrent de les sauver de la mort.

A peine leur prière fut-elle finie, qu'on entendit un grand bruit sous le vaisseau, et qu'on le vit en même temps dans le canal ; par où ils jugèrent que le rocher s'était fendu et avait fait un passage libre au navire.

Ils continuèrent ensuite leur route gaiement ; et, ayant tourné vers le cap Comorin, ils débarquèrent à Cochin. Toute la ville vint rendre ses devoirs à son père bien-aimé, et l'on ne saurait croire quels furent les sentiments de piété que le peuple fit paraître. De Cochin ils firent voile jusqu'à Baticala. La femme d'Antoine Rodriguez, officier royal, qui était malade depuis longtemps, espéra de guérir si elle pouvait voir le père François. Elle se fit porter au navire, et à la vue du saint mort elle recouvra la santé en un instant. Non contente de sa guérison, elle voulut avoir une petite pièce du bout de la chasuble dont le père était revêtu, et elle guérit elle-même beaucoup de malades avec cette précieuse relique.

Le navire était à vingt lieues de Goa, et ne pouvait guère avancer à cause d'un vent contraire. Le capitaine se mit dans la chaloupe avec quelques-uns de ses gens, et gagna la ville à force de rames, pour donner lui-même au vice-roi et aux pères de la compagnie les premières nouvelles de la venue du saint corps.

Le vice-roi fit donner aussitôt une fuste légère à Nunez, sur laquelle on reçut le corps du saint au bruit de l'artillerie non seulement du navire de Lopé, mais de six autres vaisseaux que le vent avait arrêtés vers Baticala.

Le 15 mars de l'année 1554, la fuste prit terre à Rebendar, qui est à une demi-lieue de Goa. Elle demeura là le reste du jour et toute la nuit, tandis qu'on se préparait dans la ville à faire une réception solennelle au saint apôtre des Indes.

En effet, le lendemain matin, qui était le vendredi de la semaine de la Passion, on vit venir six barques à rames, environnées de torches ardentes et ornées très richement, dans lesquelles était la fleur de la noblesse portugaise. Douze autres barques suivaient avec trois cents des principaux habitants, tenant chacun un cierge à la main; et il y avait dans chaque barque des chœurs de musique et des instruments de toute sorte.

Toute l'escadre se divisa en deux ailes pour accompagner la fuste, qui prit le milieu. Le corps du saint, couvert d'un drap d'or, était sur la poupe, sous un riche dais avec des flambeaux allumés et des banderoles des deux côtés du bord.

Ils voguèrent ainsi vers Goa, mais lentement et en très bel ordre. Toute la ville était sur le rivage, dans l'impatience de voir son bon père. Dès qu'on l'aperçut de loin, ce ne furent que cris d'allégresse et larmes de dévotion. Quelques-uns, plus impatients que les autres, se jetèrent dans la mer, et, ayant gagné la fuste à la nage, ils l'accompagnèrent jusqu'au rivage en nageant toujours.

Le vice-roi l'y attendait, escorté de ses gardes et du reste de la noblesse, du conseil royal et des magistrats, tous en habits de cérémonie. Dans le temps qu'on débarqua le saint corps, une compagnie de jeunes gentilshommes consacrés au service des autels entonna le cantique *Benedictus Dominus*

Deus Israel. Toutes les rues étaient ornées de tapisseries, et quand le bienheureux corps paraissait, on jetait des fleurs de toutes les fenêtres et de tous les toits. Après avoir parcouru la ville plusieurs fois, on gagna le collège de Saint-Paul, et l'on déposa le cercueil dans la grande chapelle de l'église. On avait fait un retranchement devant la chapelle contre la foule du peuple; mais ce retranchement fut bientôt rompu, malgré les soldats qui le défendaient.

Pour apaiser le tumulte, il fallut montrer trois fois le saint et le tenir droit, afin que tout le monde le vit aisément. On jugea même à propos de le laisser trois jours découvert pour la consolation des habitants, qui ne se lassaient point de le regarder, et qui en le regardant étaient pénétrés d'une dévotion sensible. Après qu'on eut satisfait ainsi la dévotion publique, la nuit du dimanche le cercueil fut mis en un lieu élevé près du grand autel, du côté de l'évangile.

Nous ne devons pas omettre ici que le navire qui avait apporté à Goa un si précieux trésor s'ouvrit de lui-même, et alla au fond de l'eau dès que les marchandises et les hommes furent débarqués, comme pour faire voir que Dieu ne l'avait conservé miraculeusement qu'en faveur de ce corps sacré, et qu'un vaisseau qui avait été employé à un usage si saint ne devait plus servir à rien de profane.

L'amour que Xavier avait pour la pauvreté évangélique le faisait vivre d'aumônes et mendier son pain de porte en porte; étant même dans le collège de Goa, qui était très bien fondé, il cherchait dehors de quoi vivre, pour se conformer davantage à Jésus-Christ pauvre.

Il fut toujours habillé très pauvrement, et il y avait d'ordinaire tant de pièces à sa soutane, que les enfants des idolâtres s'en moquaient. Il la raccommodait lui-même, et ne changeait point d'habit que celui qu'il portait ne s'en allât en lambeaux, à moins que l'honneur de Dieu et l'intérêt de la religion ne l'y obligeassent. Quand il revint du Japon à Malacca, et qu'il fut reçu avec tant d'honneur, il avait une soutane déchirée et un chapeau tout usé.

Il faisait à pied tous ses voyages de terre, même au Japon, où les chemins sont très rudes; et il marchait souvent pieds nus dans la saison la plus rigoureuse. Mais il se faisait un plaisir de la souffrance.

La charité de Xavier envers le prochain a paru principalement dans ce qu'il a fait pour la conversion des âmes. Il est difficile de compter tous ses voyages de mer et de terre; si l'on voulait en prendre la peine, on croirait qu'il n'a eu que le temps de voyager.

Aussitôt qu'on sut en Europe la mort du père Xavier, on commença à y parler de sa canonisation; et pour ce sujet Jean III, roi de Portugal, donna ordre au vice-roi des Indes, François Bareto, de faire dresser des procès-verbaux de la vie et des miracles du serviteur de Dieu. Cela s'exécuta à Goa, à Cochin, à la côte de la Pêcherie, à Malacca, aux Moluques et ailleurs, et des hommes dignes de confiance, éclairés et habiles, qui furent envoyés sur les lieux, entendirent les témoins et examinèrent les faits avec toute l'exactitude possible.

Les merveilles sans nombre que Xavier opéra avant et après sa mort, et qui furent scrupuleusement recueillies par les commissaires nommés à cet effet, se répandirent bientôt de l'Orient par toute l'Europe, et touchèrent tellement le pape Paul V, qu'il exécuta enfin ce que ses prédécesseurs avaient projeté. Après un examen juridique des vertus et des miracles du glorieux apôtre, il déclara *bienheureux* François Xavier, prêtre de la compagnie de Jésus, par une bulle expresse du 25 octobre de l'année 1619.

Grégoire XV, qui succéda immédiatement à Paul V, le canonisa ensuite dans toutes les formes et avec toutes les procédures que l'Église garde en de semblables occasions. La cérémonie en fut faite à Rome le 12 mars de l'année 1662; mais, comme la mort empêcha ce pape de faire la bulle de la canonisation, ce fut Urbain VIII, son successeur, qui la donna.

Depuis que le saint-siège eut mis l'apôtre des Indes au nombre des saints, il n'est pas croyable combien la dévotion publique s'augmenta partout envers lui. Des villes le prirent pour leur protecteur et pour leur patron; on ne cessa pas de lui faire des vœux et de lui dresser des autels. On visita son tombeau avec plus de dévotion que jamais, et la chambre où il naquit fut convertie en une chapelle que les pèlerins vinrent visiter en foule de tous les endroits du monde.

Disons donc, pour finir cet ouvrage par où nous l'avons commencé, que la vie de saint François Xavier est un témoignage authentique de la vérité de l'Évangile, et qu'on ne saurait regarder de près ce que Dieu a fait par le ministère de son serviteur, sans tomber d'accord que l'Église catholique, apostolique, romaine, est l'Église de Jésus-Christ.

FIN

33 627. — Tours, impr. Mame.